世界の最も野心的な
ビジネスエリートが
している

一流の頭脳の磨き方

山崎裕二　岡田美紀子
Yuji Yamasaki　Mikiko Okada

ダイヤモンド社

はじめに

世界の最も野心的なプロフェッショナルはどうやって「頭脳」を磨いているのか？

日々、仕事をしているなかでまわりを見回すと、なんとなく一歩抜け出せない人、売上げがなかなか伸びずに遅れを取っている人がいる一方、いち早く出世している同僚や事業で成功している社長もいる。

それほど経験の変わらないはずの同期ですら、「彼は自分と同じ人間で、同じ24時間で仕事をしているのか？」と不可解に思えるほど生産性の高い人がいるものだ。

身のまわりでなくとも、次々と画期的なサービスを企画したりヒット商品を連発したりする人がいる。毎日が24時間なのはだれもが同じで、使える時間も似たり寄ったりのはずなのに、なぜここまで大きな差が生じるのだろう。

その理由を突き詰めて考えてみると、そもそも「インプットの質と量が違う」ということに気づかされる。インプットが人と変わらなければ、アウトプットにも限界がある。事実、生産性の高いビジネスパーソンと話してみても、知識量が抜きんでていることが多い。勤務時間中にどれだけ質の高いパフォーマンスを続けるかも当然大事だが、その質を生んでいるのは、仕事時間以外でのインプット、すなわち「勉強の質と量」なのだ。

では、顕著に生産性が高い人たち、仕事の成功率が高い人たちは具体的に何を学んでいるのだろうか。

ビジネスパーソンの勉強というと、英語やＩＴ系のスキルを思い浮かべるかもしれないが、それらはしょせんツールに過ぎない。もっと「本質的な学び」に時間をかけなければ、ビジネスパーソンとしての能力を大きく底上げすることはできないだろう。

この「本質的な学び」というのは、たんにＭＢＡの理論のようなものだけでなく、「プレッシャーのかかる場面での判断の技術」や、「自分の人格を客観的に把握すること」といった、「知識」の枠に収まりきらない、仕事の「知力」を磨き抜く学びのことだ。

GE、マイクロソフト、グーグル……プロ中のプロだけが集まる場所

本書は、できる人が「どのようにして頭脳を磨いているか」を具体的に紹介するもの

だ。それも世界の第一線で活躍するビジネスエリートやエグゼクティブ（幹部層・上級管理職）たちが共通して何を学んでいるのかを紹介したい。

日本ではあまり見られないが、とりわけ欧米、とくにカナダやアメリカでは、優秀なビジネスエリートは、仕事の多忙な時間の合間をぬって学校にまで通ってビジネスの勉強を続ける。

理論や新しい発想のインプットがなければ、ビジネスパーソンとしてのレベルが相対的に後退していくと強い危機意識を持っているのだ。

そういった現役のビジネスエリートが通う教育機関としていま最もよく知られているのが「ＥＭＢＡ」、つまり「エグゼクティブＭＢＡ」だ。

本書は山崎と岡田の共同執筆のかたちで書いていくが、われわれはそのＥＭＢＡの同窓生だ。山崎はこれまで東芝やゲートウェイでプロダクトマネジャーとして勤めたのち、モバイル向けソフトウェアベンチャーに参画したが事業は失敗。その後、ＩＴ系企業の米国法人でシニアプロダクトマネジャーを経てカリフォルニア工科大学でテクノロジーマーケティングを学び、さらにＥＭＢＡでマネジメントの学びを深めた。

岡田はリクルートグループで企業向け採用コンサルティング、個人向けキャリアカウンセリング、事業開発、営業企画立ち上げなどを経て、ＥＭＢＡで経営の視点を身につけ、現在はリーダーシップで有名な米系大手グローバル企業にてＨＲ（人事）マネジャーをしている。

われわれが通ったＵＣＬＡ－ＮＵＳのＥＭＢＡは、アメリカのカリフォルニア大学ロサンゼルス校（ＵＣＬＡ）とシンガポール国立大学（ＮＵＳ）が共同で行っているプログラムで、オックスフォードやケロッグなどと並んでＥＭＢＡとしては「世界のトップ５」と言われている。

クラスメイトの国籍は16～20か国、人種も多種多様、そして何よりも彼らの経験がユニークだ。ＧＥ、マイクロソフト、グーグル、ユニリーバ、Ｐ＆Ｇ、ＤＨＬ、アクセンチュア、ボーイングなどのグローバル企業のゼネラルマネジャーやＣＦＯ（最高財務責任者）クラスから、スタートアップ企業の経営者や投資家、アジア新興ＩＴ企業での戦略担当責任者、シンガポールやマレーシアの政府関係者、韓国の財閥グループの御曹司《おんぞうし》、さらには医学博士までいる（人種のるつぼならぬ）「キャリアのるつぼ」だ。

寄ると触ると「シンガポールで何に投資して何十億儲けた」「中国で仕掛ける新規ビジ

ネスについてどう思うか？」といった生々しい話が持ち上がる。世界のビジネスの最前線にいる者たちが「最も集まっている場所」と言っても過言ではないだろう。

成功するのに最も必要な「知力」とは何か？

われわれはそういったビジネスエリートや野心的なエグゼクティブたちと共に学ぶと同時に、シカゴやケロッグ、スタンフォードなど他のトップＥＭＢＡで学ぶビジネスエリートたちとの人脈も深め、いまでもつねに情報交換を続けている。

世界のフラット化が進み、望めばグローバルなビジネスチャンスがいくらでもつかめるいまの世界において、世界のトップエリートたちは何を思い、何に焦《あせ》りを感じ、何を身につけたがっているのか。

1年から2年という期間、多忙な時間を割き、睡眠時間を削って世界中から海を越えてまで授業に集《つど》って、いったい何を学び、ビジネスに生かしているのか。

そうしたことを考えていくなかで、彼らが「学びたい」と感じているテーマにはいくつか共通項があることが見えてきた。

財務（ファイナンス）や会計（アカウンティング）、統計学等の基礎知識も必須だが、とくに彼らが求めているのは、ざっくりと、「リーダーシップ」「ネゴシエーション」「テクノロジー・マネジメント」「アントレプレナーシップ」「マーケティング」「グローバルビジネス」（とくにアジアビジネス）の6つに大別できる。

これらの科目自体は一般的なMBAのカリキュラムでも見られるものかもしれない。だが、これこそ実際に第一線で働く世界のトップエリートたちがさらに高みを目指すために必須と考え、日々高速で学んでいることなのだ。その意味ではこれらのジャンルの勉強が、いま、成功するのに最も効率がいいといえるのかもしれない。

逆にこれらの分野をおさえておかないと、これからの世界でビジネスを成功させていくことに支障をきたすともいえるだろう。いうなればこれらは、これからのビジネスパーソンの「必須の教養」というわけだ。

経験豊富な彼らが、経験だけでは物足りず、さらに学びたいと考えるのはなぜなのか。彼らと共に学び、見聞きしたなかでも、とくに日本のビジネスパーソンにとって重要だと思える知識、誰もが目の色を変え、とりわけ熱心に学んでいた考え方、「そこを攻めるから成果が上がるのか」と目から鱗が落ちたような戦略的な問題解決術など、ビジネスパーソンとしての「頭脳」のレベルを大きく上げる学びをここに伝えたい。

世界の最も野心的な
ビジネスエリートがしている
一流の頭脳の磨き方

目次

序章
「最速で結果につなげる思考」をつくる
プロフェッショナルの学びのルール

第1章 「あらゆる相手」を動かす方法を学ぶ

大きな仕事ができるリーダーシップ思考

第2章
「絶対に負けない交渉法」を頭にインプットする
トップエリートの知的ネゴシエーション術

第3章

「不毛な消耗戦」から抜け出す発想をつかむ

イノベーション思考を身につける

第4章 「勝つ方法」のすべてを頭に叩き込む

マーケットの勝者になる技術

2

3

第5章 「世界視点」で考える

グローバルに成功できる知力をつかむ

世界の最も野心的な
ビジネスエリートがしている
一流の頭脳の磨き方

序章

「最速で結果につなげる思考」をつくる

プロフェッショナルの学びのルール

1
仕事も勉強もすべて「時はカネなり」を貫く

世界のトップクラスのビジネスエリートたちが「何を学んでいるのか」を語る前に、彼らが「どのように学んでいるのか」という部分について解説しておきたい。

彼らの「学び方」には、ビジネスを成功させる大きなヒントが潜んでいる。

彼らのスタイルを一言で表現するなら、「学びと実践を同時進行させる」ということに尽きるだろう。冒頭でも、欧米のビジネスエリートは学び続けるという話をしたが、彼らにとって「仕事をしながら学び続ける」というのは至極当たり前のスタンスだ。

彼らは「時はカネなり」の意識が異常に強い。

新入社員ならともかく、上に行くにつれて競争は激しくなり、自分の停滞に焦る。一方で使える時間は少ないので、学びと実践はつねに同時進行になるのだ。

そんな彼らの学び方については、「ＭＢＡとＥＭＢＡの違い」という観点から説明するとわかりやすい。

そもそもフルタイムのＭＢＡを取得するには最低でも1年、多くの場合2年程度、仕事を休まなければならない。仕事をいったんストップして、勉強するというかたちだ。自分のキャリアを一から形成していく20代の若者ならそれもいいかもしれない。

しかし、すでに世界の第一線で活躍しているビジネスエリートにとって、2年のブランクを空けることなどまず考えられない。そのあいだに時代から大きく取り残されてしまうし、キャッチアップするには何年もかかってしまう。

その点、ＥＭＢＡは各校によって期間は違うが、基本的にはパートタイムなので、通常の仕事をしながら集中的に授業を受けられる。われわれの通ったＵＣＬＡ－ＮＵＳのＥＭＢＡは約1年半のあいだに、2週間のプログラムを6回受けるというスケジュールだ。

授業の行われる2週間は、これ以上ないほど凝縮された学びの時間が続き、宿題、課題の連続で寝られない日も多いのだが、その2週間を終えると、それぞれが学びを携《たずさ》え、ビジネスの現場へと戻っていく。それから3か月後に再び戻ってきて授業を受ける。

授業前日まで仕事をしてから飛行機で飛んできて2週間学び、帰ったら翌日からすぐ仕事という者も多い。まさに学びと実践を同時進行していくスタイルなのだ。

「高速反復学習」で、結果までの時間を最短化する

彼ら、彼女らと学んでいると、インプットからアウトプットまでのスピード感にとにかく驚かされる。実際彼らは、ＥＭＢＡで学んだことを即座に現場で実行し、新たな成果と課題を持って再び学びの場に帰ってくる。

その高速反復のサイクルがもはや当たり前になっていて、ＥＭＢＡでは、彼らが実践した生の事例を題材に取り上げながら、教授や講師陣はもちろん、生徒たちも一緒になって議論を重ね、さまざまな意見交換をする。

そんな生々しい、リアルタイムのやり取りをするのだから、教授や講師も単なる知識のスペシャリストというだけではやっていけない。自身がビジネスをやっているバリバリのビジネスパーソンであることも多く、現場に即した実践的なアドバイスを与えてくれるし、逆にその現場感覚とスピード感を有していなければ、生徒側から容赦《ようしゃ》のないクレームが入る。

このスピード感と生々しいやり取りも、MBAとEMBAの違いと言えるだろう。言い方を換えると、学問だけでも得られず、経験だけでも得られない、「自身の実体験に教授やクラスメイトたちの経験豊富な暗黙知を加味し、経験値と知見を倍速で得る」というサイクルをカリキュラムの数だけ1年〜2年（学校によって期間は異なる）のあいだ、回転させることになる。

ビジネスエリートたちの頭の中には「この学びが現場でどのように機能するのか」「どんなビジネスを生むのか」「どれほどの利益につながるのか」という発想がつねにあるのだ。

だからこそ、EMBAのクラスメイトが現場で実践したケース（それが成功事例であれ、失敗事例であれ）を興味深く聞くし、矢のような質問を次々と浴びせかける。

彼らは、真剣に学び、そして傾聴しなければ自分たちのビジネスを拡大させることがむずかしいことを知っているし、質の高いアウトプットを出すために、インプットの質と量を増やさなければならないと、本気で思っているのだ。

だから、彼らと一緒にいると「学びのための学び」なんてことは起こらない。

学びはつねに実践とセットになっており、現場からのフィードバックを繰り返し、新たな学びにつなげていく。

学びながら「クラス」でビジネスを進める

余談ながら、ＥＭＢＡの世界ランキングというのは「ＥＭＢＡへ来る前と、来た後で、どのくらい収入が変わったか」というところで順位づけされている。

生々しい話だが、これほどストレートな指標はない。

だからこそ、ＥＭＢＡサイドも「ここでの学びをどんどん現場で実践し、大きな成功を収めてほしい」と強く思っている。

当然、そのためのカリキュラムが用意されているし、生徒同士がネットワークを広げ、新たなビジネスチャンスが生まれるように、さまざまな工夫、考慮がされている。実際にクラス内でビジネスがまとまることもある。

卒業生同士が交流できる場も積極的に用意され、そういった場でも「こんなビジネスに興味のある人はこちらへ」「こんな課題を抱えている人は集まってください」という感じで、問題解決のサポートをしたり、ビジネスパートナーのマッチングをしてくれることもある。

さらにEMBAの特徴的なところは、生徒自身が第一線で活躍しており、幅広いネットワークを持っているので、生徒が紹介する人など多彩なゲストスピーカーが登壇するということだ。スタンフォードのスローンプログラム（他校でいうEMBA的な位置づけにあたる）で学んだジミーの話では、リーマンショックの真っただ中の時期に、シティバンクのCEOがゲストスピーカーとして生徒に向けて熱弁をふるったこともあったという。

私（山崎）のクラスにはCNNのシンガポール支局で働いている女性がいて、彼女の紹介で何人かの大物ゲストスピーカーの話を聞くことができた。もともと彼女はニュース番組に登場するゲストをブッキングする仕事をしていたので、普段の仕事がそのままEMBAに持ち込まれた恰好だ。

EMBAでの学びを自分のビジネスに転化するのはもちろんのこと、自分のビジネスによって持ち得たリソースを積極的に学びの場に持ち込み、お互いのメリットにつなげていくというのも、スピードを重視する第一線のビジネスエリートらしい「学びとビジネスの融合」といえるだろう。

2 正解ではなく、「不正解」を知る

世界で活躍するエリートたちを見ていると、「いったい、なぜ彼らはそこまで必死に学ぶのだろう」と思うことがある。

彼らはすでに多くの経験を積み、さまざまなビジネスを成功させてきた強者ばかりだ。その経験のなかで学んできたことは計り知れないし、この先のビジネスをやっていくうえでも、その勘や経験が大きくものをいうはずだ。

それなのに、わざわざ大学へやって来て、大学やＭＢＡの授業でも行われているような基礎的な金融理論、マーケティング分析、行動経済学などについても決して手を抜かず、真摯《しんし》に学んでいく。

それはいったいなぜだろうか。

彼らは、その「基礎的な学び」にどんな価値を見出しているのだろうか。

いまさら何のために「ＭＢＡ理論」を学ぶのか？

外資系大手銀行からＥＭＢＡに来たＳさんは、「自分のプランした新たな金融商品の仕事が本当にうまくいくのか、いつも漠然とした不安を抱えている」と言っていた。

本を読んでも確信は持てないし、周りや上の人間に成功の秘訣を聞いても「経験だよ」などと言われて、いつまで経ってもモヤモヤとした気持ちが晴れない。だからこそ、一度理論をしっかりやらなくてはと思ったという。

ＥＭＢＡで出会ったあるベンチャーの経営者は、こんなことを言っていた。

「基礎的なものを含めビジネスのさまざまな理論を学ぶことは、これまでの自分の経験則が正しかったのか、あるいは偶然成功しただけの危ういものだったのかを再確認できる非常に大事なプロセスだ」

じつは、この「自分の経験則に、理論的な裏付けを得たい」と感じているビジネスエリートは大勢いる。「過去の経験や勘に頼るのではなく、確固たる理論を学ぶことで、判断のスピードと精度が高まる」と彼らは考えているのだ。

実際、コンサルティング会社を経て、いまはベンチャーキャピタリストをしているあるクラスメイトは、「20代のときにMBAを取得したが、当時はキャリアアップのためにMBAの肩書きを得ることが目的だった。でも今回は違う。自分がいま携わっている会社の経営のために改めて勉強したい」と言っていた。

たとえば、EMBAの授業でも「キャズム」「ハイプカーブ」「Sカーブ」「ロングテール」「ブルーオーシャン」など、さまざまなマーケティング理論を徹底的に学ぶ。

これらの知識だけを見れば、大学やMBAで学ぶ内容と大差はないだろう。

だが、グローバル企業のビジネスエリートが集まる学びの場では、一人ひとりが持っている経験値が圧倒的に違うので、「過去に自分は、こんな場面で、このような判断をしたのだが、この理論を知っていれば同じ決断はしなかっただろう」とか、「あの時点で経営判断にものすごく迷ったが、この知識があればその時間を短縮することができたはずだ」など、自身の経験に紐付《ひもづ》いた生の意見と体験談が飛び交う。

あるいは、「いま自分はこのような経営課題を抱えているが、この理論にのっとると、どのような判断が妥当《だとう》だろうか？」と問題を提起する生徒が現れ、教授と生徒が一緒になって問題解決の道を探っていくというケースもめずらしくない。

ここでもまた、「学び（理論）と実践」がセットになって語られているわけだ。つまり、彼らは自身の勘や経験則だけに頼るのではなく、確固たる理論を学ぶことで、より質の高い判断力を身につけようとしているのだ。

「正しい答え」はないが、「間違った答え」はある

あるファイナンスの講義のなかで教授がこんなことを言っていた。

「金融の世界に正しい答えはないが、間違った答えはある」

なにげなく発せられた言葉だが、じつは、これこそビジネス理論を徹底的に学ぶ動機の一つとも言える。

こんな場面を想像してほしい。

いまここにA、B、Cという三つの選択肢があり、あなたは経営者としてどれか一つを選ばなければならない。シビアな決断を迫られる場面だ。

この判断に必要な理論が身についていれば、A、B、Cのそれぞれを選ぶと1年後のキャッシュフローはどうなり、それによってどんな人的な課題やトラブルが起こりうるのか

をある程度、予測することができる。

すると、それだけ判断の精度とスピードは増すし、選択肢の検証にかかる時間と労力とコストを減らすことができる。これはかなりのメリットだ。

エグゼクティブクラスはビジネスにおいて日常的に厳しい判断を迫られていて、自分の判断が会社の行く末を左右してしまうようなケースはめずらしくない。

また、部下が自分の経験したことがない分野で提案を持ってきたときに判断しなければならないことも日常茶飯事だ。そのときに、自分が知らないという理由で却下したり、わからないまま承認したりすることがないように、知識から仮説を立てて正しく理解して判断することが求められる。

経験も大事だが、そこに知識が加わることで、いかに大きな助けになるかを彼らは痛いほど知っている。だからこそ、彼らは基礎的な理論でも手を抜くことなく、必死で学び続ける。

「経験則」で勝ち続けることは不可能

以前、ファイナンス系の仕事をしている私の友人が「自分の立場では、とにかく勝ち続けなければいけない。そうでなければすぐにでもクビが飛ぶ。でも、勝ち続けるには勘や経験則だけでは足りない」とはっきり言っていたことを思い出す。

これまで彼は勘と経験で何とか乗り切ってきたが、正直言って「ヒヤヒヤする場面の連続だった」という。

何百億、何千億という単位のお金を動かしていくにあたって、そんな不確かなものだけに頼っていたら、いつかは大きな失敗をするに違いない。

そんな危機感を抱いたからこそ、「シカゴ大のＥＭＢＡへ行って、基礎から応用まで徹底的にファイナンスを学び直すことにした」と彼は語っていた。

彼は「『知ったつもり』の日本のサラリーマン」などと言っていたが、理論を軽視して勘と経験に頼りがちなのは、日本のビジネスパーソン全体に言える傾向だ。

だが、シビアな舞台で仕事をすればするほど、勘と経験だけに頼るのは心もとなくなってくる。

また、欧米、とくにアメリカでは、何かしらの失敗をしたときには、厳しい説明責任が発生する。失敗自体も問題だが、「なぜ、どのような理由で失敗したのか」をきちんと説明できなければ、問われる責任の重さがまるで違ってしまう。

そういう意味でも、自分はきちんとした知識や理論の裏付けを持っていて「正当な判断を下したにもかかわらず、不測の事態によって失敗してしまった」（すなわち、自分に非があるわけではない）という理論武装が必要になってくる。

だからこそアメリカでは、統計学やゲーム理論などが発達しているし、授業にやってきた投資会社の経営者も「重要な決断はディシジョンツリー（取り得る選択肢をすべて書き出す樹形図）を使って行う」と語っていた。こうしておくと、あとで振り返ったときに説明責任を果たしやすい。

転職をする際も、前職で達成したことやできなかったこと、それをどう分析し、何を学び、次はどうしたいかなどについて、理論的にクリアに説明できるかが厳しく見られる。

そんなさまざまな理由で、世界のエリートたちは自身の勘や経験に頼ることなく、しっかりとした知識、理論を学び続けるのだ。

3 「最強のプレゼンター」のトーク術を磨き抜く

序章の最後に、エグゼクティブのプレゼンテーションについても触れておきたい。

「いかにして効果的なプレゼンをするか」というのも、世界基準のビジネスエリートが身につけたいとつねづね考えている共通要素だ。というより、質の高いプレゼンができなければ、世界の第一線で活躍することはまず不可能と考えるべきだろう。

日本企業の場合、社長やプロジェクトの最高責任者がプレゼンをせず、下の立場の人がメインのプレゼンターになることがままある。

だが、世界のスタンダードとしてこれはあり得ない。

世界のビジネスシーンにおいては、重要なプレゼンでは、必ずトップがメインのプレゼンターとなり、そのプロジェクトの価値や概要について語る（グローバル企業では、語学の壁を超えて自分の言葉でメッセージを伝えられないと管理職にはなれない)。

もちろん、詳細を部下が説明することはあるが、それはあくまでも付加的なもので、そこに集まった人たちは「トップのプレゼン」を聞きに来ている。

そんな席でトップがプレゼンをしなければ「なぜ、彼は話をしないのか?」「何か問題があるのか?」と内容以前に能力を疑われるだろう。

大きな舞台でビジネスをしようと思うなら、まずこの常識を理解すべきであり、自分自身のプレゼン力を徹底的に磨かなければならない。

「カネを集められる話し方」とは?

EMBAにももちろんプレゼンの授業があり、自身もバリバリの投資家であり、いくつものベンチャーを成功させているフレディという教授による講義はとくに印象に残っている。

「あなたたちが事業を起こしたいなら、当然投資家からお金をもらわなければならない。そのノウハウを私が教えましょう」

と言って彼の授業は始まった。

郵便はがき

料金受取人払郵便

渋谷局承認

4822

差出有効期間
平成29年12月
31日まで
※切手を貼らずに
お出しください

1 5 0-8 7 9 0

1 3 0

〈受取人〉
東京都渋谷区
神宮前 6-12-17
株式会社ダイヤモンド社
「愛読者係」行

フリガナ		生年月日		男・女
お名前		T S H 年 月 日生	年齢 歳	
ご勤務先 学校名		所属・役職 学部・学年		
ご住所 (自宅・勤務先)	〒 ●電話 ( ) ●FAX ( ) ●eメール・アドレス ( )			

◆本書をご購入いただきまして、誠にありがとうございます。

本ハガキで取得させていただきますお客様の個人情報は、以下のガイドラインに基づいて、厳重に取り扱います。

1, お客様より収集させていただいた個人情報は、より良い出版物、製品、サービスをつくるために編集の参考にさせていただきます。
2, お客様より収集させていただいた個人情報は、厳重に管理いたします。
3, お客様より収集させていただいた個人情報は、お客様の承諾を得た範囲を超えて使用いたしません。
4, お客様より収集させていただいた個人情報は、お客様の許可なく当社、当社関連会社以外の第三者に開示することはありません。
5, お客様から収集させていただいた情報を統計化した情報(購読者の平均年齢など)を第三者に開示することがあります。
6, お客様から収集させていただいた個人情報は、当社の新商品・サービス等のご案内に利用させていただきます。
7, メールによる情報、雑誌・書籍・サービスのご案内などは、お客様のご要請があればすみやかに中止いたします。

◆ダイヤモンド社より、弊社および関連会社・広告主からのご案内を送付することがあります。不要の場合は右の□に×をしてください。 不要 □

①本書をお買い上げいただいた理由は?
（新聞や雑誌で知って・タイトルにひかれて・著者や内容に興味がある　など）

②本書についての感想、ご意見などをお聞かせください
（よかったところ、悪かったところ・タイトル・著者・カバーデザイン・価格　など）

③本書のなかで一番よかったところ、心に残ったひと言など

④最近読んで、よかった本・雑誌・記事・HPなどを教えてください

⑤「こんな本があったら絶対に買う」というものがありましたら（解決したい悩みや、解消したい問題など）

⑥あなたのご意見・ご感想を、広告などの書籍のPRに使用してもよろしいですか?

1　実名で可　　2　匿名で可　　3　不可

※ご協力ありがとうございました。

【一流の頭脳の磨き方】064825●3110

端的に言って、彼の教えのポイントは次の2点に集約される。

○決断する立場の人が「どんな状況にあるのか」を理解する
○決断する立場の人が「知りたがっていること」を話す

とてもシンプルだが、内容は奥が深い。

まず、決断する立場にいる人が「どんな状況にあるのか」ということだが、これははっきりしていて、第一に考えなければならないのは、「誰もが自分の時間を貴重なものと考えている」ということだ。そして社内でも社外でも、相手のレベルが上がれば上がるほど時間がなく、当人が時間を貴重と考えている程度は高い。

相手によっては、「相手の1分には何百万円もの価値がある」というくらいの意識で臨んでも大げさではない。

つまり、どんなにすばらしい内容でも、時間がかかるようではプレゼンとしては失格なのだ。

出資者を探しているベンチャー起業家などはよく「エレベーターピッチ」(同じエレベ

ーターに出資者と乗り合わせたくらいの時間でも口説けるプレゼン）を鍛えろと言われるが、これが大事なのはベンチャー起業家だけではない。

相手がエグゼクティブクラスになると、何かを売り込むために時間を取れるのはせいぜい3分から5分。その時間で「これはちょっとおもしろそうだな」と相手に思わせることができれば、「来週、私のオフィスに来ないか」となり、さらに20分の時間が与えられる。そこで説得力を持って話ができれば、さらに機会が得られることになる。

要するに、3分から5分でまとめるプレゼン力を持たなければ、そもそも土俵《どひょう》にも上がれないのだ。

そしてもう一つ、「相手には、恐ろしい数の依頼が日々舞い込んでいる」という事実も理解しておくべきだろう。当然ながら、自分が何かを依頼したい相手は、力があるほどやはり舞い込んでくる依頼の数が多い。授業をしてくれた先生のところにも、毎週200件以上の投資依頼が届くという。

だから、自分は「ワン・オブ・ゼム」に過ぎないということを意識して「プレゼン内容に（時間を割いて聞くだけの）インパクトがあるか」を徹底的に吟味《ぎんみ》しなければならない。

とかく日本人はプレゼンが下手だと言われるが、その多くが「無駄な説明が多く、インパクトが弱い」。

それはプレゼン用の資料を見れば一目瞭然で、文字が多く、細かなデータを載せている反面、「何が言いたいのか」が即座にわからない。

これでは勝負にならない。欧米人はリップサービスが得意だから「なかなか、すばらしいプレゼンだったよ」「非常に充実した内容だった」などと笑顔でほめてくれるかもしれないが、コンペの場合、話しはじめて30秒で負けが決まっていることも少なくない。

その他大勢に比べて自分が抜きん出ている部分はどこかを見極め、そのポイントを冒頭から強調する。この意識でプレゼンを始めなければ、そもそもまともに聞いてすらもらえない。

それはどれだけ「速く」儲かるのか？

続いて「決断する立場にある人が何を知りたがっているか」について考えてみよう。

これについては、次の3つが最大のポイントになる。

1. いかに「速く」儲かるのか？
2. どれだけ「ユニーク」なのか？
3. 本当に「実現」できるのか？

極論すれば、この3つを伝えることがプレゼンなのだ。

まず、ビジネスの話をしているのだから「これだけのスピード感で儲かる」という内容を話すのは基本中の基本。これがなければ、話す価値も聞く価値もないと思ったほうがいい。プレゼンを聞いている相手は、つねに「それで、いつまでに、どのくらい儲かるの？」という思いを持っているということを忘れてはいけない。

次の「どれだけ『ユニーク』なのか？」という部分は、すでに述べたインパクトという部分にも重なってくる。競合との差別化、これまでにない新奇性と言い換えることもできるだろう。

たとえば洗濯機を売り込むなら、「これは従来のものとまったく違って、洗剤が必要ないんです」と言えば、誰もが興味を示すだろうし、交通システムなら「これまで東京－大阪間は2時間半でしたが、このシステムが実現すれば45分圏内になります」などと言えば明らかに説得力がある。この際、「ここがユニークポイントだ」ということを、簡潔かつ明確に伝えることが絶対に必要だ。

「だから、実現できる」とクリアに示す

そして3番目の「本当に『実現』できるのか？」は、プレゼンを聞いているだれもが感じるシンプルな疑問だ。

「これは世界にたった一つの○○というサービスを可能にするものです」「このシステムが完成すれば、1か月で3億円儲かります」など大きな話をするのはいい。

しかしその瞬間、「それって本当か？」「実際にできるのか？」と多くの人が疑問を持つ。

その問いに対して「すでにうちは○○という特許を取得しています」とか「世界で3本の指に入るトップエンジニアがいます」「このような市場テストで検証済みです」「このような販売ルートをすでに確保済みです」など、実現する算段が立っていることをプレゼンターは語らなければならない。

要するに、「こんなに儲かる話があって、これほどユニークな魅力を持っていて、このような理由で実現可能で、あとはただ一点、あなたの決裁（あるいは「資金」「協力」など）だけが必要なんです」というのが正しいプレゼンのかたちなのだ。

これは投資案件など社外でのプレゼンもそうだが、社内で企画を通そうとする際もベースは同じと考えていい。

「いかに速く、どれくらい儲かるか」「どんなユニークポイントがあるか」「実現可能であること」を、説得力を持って語ることができれば、間違いなくだれかが食いついてくる。

逆に言えば、この3つの要素が決定的に欠けていたなら、いくら内容をこねくり回しても結果は変わらないということだ。

EMBAのクラスでも、テクノロジーに詳しく、ことあるごとに自分の技術や夢をいつもうるさいくらいに語ってさまざまな相手に企画を売り込んでいたインド人のMという男がいたが、同じクラスにいたシカゴで投資会社を運営するフレディがこの点について指導したところ、30枚あったプレゼン資料が数枚になり、はるかに提案が魅力的になった。

卒業後、彼はグーグルグラスのようなカメラ付きのサングラスとSNSを組み合わせたサービスの企画で、キックスターターなどのクラウドファンディングで多額の投資を集めている。

情報を「極限」まで絞り込む

われわれの通ったUCLA－NUSのEMBAでは、毎回、すべての授業で何らかのプレゼンテーションが求められた。事前に予習できる場合もあれば、その場で即席で求められることもある。

聞き手も真剣だ。日々、実戦で百戦錬磨の相手だけあって、発表の内容が要点を得なければ容赦《ようしゃ》なくその場でさえぎられたり鋭い質問が飛んでくる。

また、プレゼンの重要度が高い課題として「プラクティカム」（実務、演習）と呼ばれる約1年かけて行う、チームでのコンサルティング・プロジェクトがあった。単位数も多く、卒業を左右する大きなプロジェクトである。

このプロジェクトでは、50万円のコンサルティングフィーを勝ち取ってくるというのがミッションになる。

ちなみに、私（山崎）のグループでは、日本の大手ＳＮＳ会社に対して「インドで展開するビジネスプラン」に関する戦略を練り、その会社の幹部に対してプレゼンを行った。グループ内にインド出身のメンバーがいたので、そのコネクションを使ってフォーカスグループ（顧客に近い対象のグループ）をつくり、グループディスカッションの様子を撮影・編集し、その他市場調査を行って資料をつくり、プレゼン本番に臨んだ。そして最終的には50万円のコンサルフィーを獲得することに成功した。海外進出のビジネススキームとしてプレゼンが高く評価されたのだ。

もちろん、そこに至る過程では教授からさまざまなアドバイスやダメ出しがあった。発表前日に指導教授に本番さながらにプレゼンしたところ、約10ページのプレゼンを一刀両断、５ページに削られた。多くの資料を漁り、思考を重ねた内容をその10ページに凝縮したつもりだったが、客観的に見ればそこには不必要な情報が入っていた。苦労した分、情報を捨てきれないでいたのだ。

だが当然ながら、そんな苦労など聞き手にとってはどうでもいい。人を動かすには情報を可能な限り絞り込み、結論を効果的に示さなければならない。

また、他のクラスメイトは、日本では宅急便で有名な大手運輸会社からプロジェクトを取りつけた。彼らはシンガポールで高級店舗が並ぶオーチャード地区内での物流効率化プロジェクトを提案し、見事実際のビジネスとして採用された。企業にとっては50万円でも投資なので、投資に対するリターンとして実際の彼らの課題解決に役立たなければ意味がない。

数字は見せずに、すべて「頭の中」にインプットする

他のチームのプレゼンも数多く見て意見交換をしたが、プレゼンというものは、中身が魅力的であることは言うまでもないが、それ以上にプレゼンターの熱意や情熱、本気度、がプレゼンに魂を入れ、相手を感動させると強く感じる。

具体的には、「自分は何をしたいのか」という目的を考え抜くことが重要だ。「事業がしたい」のか、「業界を変えたい」のか、「世界にいい影響を与えたい」のか。自分の中で目的が詰め切れていないと、絶対にいいプレゼンにはならない。

さらに、伝えたいことを限りなくシンプルにしていく。内容を徹底的に削ぎ落とし、相手が最も消化しやすい見せ方にする。

えてして数字や調査データなどを見せたくなってしまうが、そうした数字はすべて頭の中にインプットしておき、聞かれたら正確に答える準備をしておく。事前に、あらゆる角

度からの質問をシミュレーションしておくのだ。

そのうえで、情熱を持ち、そのプランを信じ抜く。人間同士のやりとりなので、最後はそういった本気が相手を動かすことになる。それゆえプレゼンテーションの成否は、「プレゼンテーションの中身×プレゼンターの人となり（プレゼンス）」と言えるだろう。

そんな信頼感、説得力のあるプレゼンス＝エグゼクティブ・プレゼンスこそ、いまグローバル企業において最も重視されているものである。

第1章

「あらゆる相手」を動かす方法を学ぶ

大きな仕事ができるリーダーシップ思考

1

360度、徹底的に自分を知り尽くす

世界の第一線で活躍するビジネスエリートが最も熱心に学んでいるスキルを一つ挙げろといわれたら、それは「リーダーシップ」ということになるだろう。

リーダーシップはあらゆるビジネスに関わる共通のテーマであり、組織作りをはじめ、プロジェクトの立ち上げ、運営、結果をもたらすという段階まで、すべての工程に欠かすことのできないものだ。

だが、それほど大事であるにもかかわらず、リーダーシップには「これが正しい」「こうしておけば間違いない」という確固たる正解がない。だからこそ野心的なビジネスエリートは躍起になってリーダーシップを学び、その学びには終わりがない。

では、いったい世界で活躍するリーダーたちは、どのようにしてリーダーシップを学んでいるのだろうか。EMBAでのカリキュラムを参考にしながら紹介していきたい。

「自分を知る」には、どうすればいいか？

リーダーシップを学ぶ第一歩は、何といっても「自分自身のリーダーシップ・スタイルを知る」ことだ。

そもそも自分が「どのようなリーダーなのか」「どのような傾向が強いのか」を知らなければ、自らのリーダーシップを補完することも、強化することもできない。

だからこそEMBAでも、リーダーシップにおける最初の授業は「あなたはどんなリーダーなのか？」という問いから始まる。

UCLA－NUSのEMBAのリーダーシップクラスでは、第1回の授業が始まる際、準備として自己評価および周囲の人たち（同僚・後輩・上司など約10人）に以下のようなアンケート（「360度サーベイ」と呼ばれている）を行ってくることが義務づけられていた。

○他人から尊重されるように行動しているか？
○自分の興味・関心を越えてチームの利益のために働いているか？

○共通の使命感を持つことの重要性を主張しているか？
○自分が大切にしている価値観や信念を話しているか？
○ゴールは達成できるという確信を表明しているか？
○将来のビジョンを明確に表現しているか？
○他人をグループの一人ではなく、個人として扱っているか？
○個人ごとに異なるニーズ、能力、情熱を尊重しているか？
○教えることやコーチングに多くの時間を費やしているか？
○課題解決のための新しい方法を提案しているか？

ここでは例として10個ほど挙げたが、もっと多くの質問事項について、自己評価と他者からの評価を5段階評価で行い、それを材料にして第1回目の授業が行われる。

授業では、この結果について科学的に分析した内容が提示され、「自分の認識と周囲の感じ方の違い」、あるいは「一致しているポイント」について教授と一対一で対話をしたり、生徒同士でオープンなディスカッションをする。

すでに述べたとおり、ＥＭＢＡにはグローバル企業のトップ、経営幹部、シニアマネジャークラスの人たちが集まっている。リーダーとしてすでに幾多《いくた》の困難を乗り越え、成功してきた人たちだ。

そんな彼らであっても、リーダーシップについて何を学ぶかといえば、まずは「自分を知る」ということなのだ。

実際、職位が上がれば上がるほど自己を振り返る機会は少なくなるので、リーダー育成で有名な某米国本社企業などでは、自らを振り返るために「メンター」や「コーチング」の仕組みを人事システムに取り入れている。このメンターやコーチには、人に気づきを与えられ、人格的にも尊敬を得ているような人物が割り当てられるという(上司をメンターやコーチに割り当てると、率直に弱みを見せたりしにくいので機能しない)。

「自己認識」と「他人から見たあなた」はまったく違う

あるグローバル企業のシニアマネジャーをしている人は、「自分の価値観や信念は積極的に話すようにしている」と語っていたが、「360度サーベイ」を分析したところ、「多くの部下たちは『十分には語っていない』と感じている」という結果が出た。

別のベンチャー企業の経営者は「チームのメンバーを個人として扱っている」という点

について自信を示していたが、彼が想定するほどの評価を受けてはいなかった。

反対に、自分ではできていないと感じていることでも、周りは評価しているという結果が出てくることもある。


いくつかの質問項目に答えることで、自らのリーダーシップ・スタイルを振り返ること。そして、同じ質問を職場のメンバーに答えてもらうことで、周囲からのフィードバックを受けること。とてもシンプルだが、リーダーとしてこれによって得られる気づきは大きい。自己認識と他者評価のギャップを知ることこそ「自分を知ること」にほかならないからだ。

「プレッシャー」時に、有能かどうかが明らかになる

さらに、ＥＭＢＡでは「自分がリーダーとしてプレッシャーを感じているときに、どのような反応、態度を示すか」といった心理テストをする。

いわゆる「エモーショナル・コントロール」に関するテストだ。

結果としては「周囲に対して攻撃的になる」「やる気を失って、逃げ出す」「責任逃れを

する」「すぐに妥協《だきょう》をして、相手の言いなりになる」などさまざまなタイプが導き出され、それぞれに応じて教授からアドバイスが与えられる。

そもそもリーダーにとって「プレッシャーがかかったとき、自分はどのような反応をするのか」という視点はとても重要だ。

なぜなら、窮地のときほどリーダーとしての真価が問われるからだ。

しかし、その自己認識を正しくできているリーダーは驚くほど少ない。

いかに普段は温厚で、部下の話に耳を傾けるタイプでも、プレッシャーがかかったときに攻撃的になるようでは、部下も信頼してついてきてくれなくなってしまう。

リーダー自身は「部下の話を聞くタイプ」と認識しているのに、部下はまるっきり異なるイメージを持つというギャップは、こんな齟齬《そご》から生まれているケースが多い。

これでは自らのリーダーシップが効果的に機能しないのも当然だ。つねにどんな環境でも自らのリーダーシップを効果的に機能させるためには、プレッシャーがかかったときの自分の反応と対処方法を知っておくことが重要なのだ。

ちなみに、私（山崎）は「攻撃的になりやすい」という結果が出て、プレッシャーがかかっているときほど「一呼吸置いて、自分がどんなリアクションをしているのかを客観的に観察すること」「まずは相手の話を聞いてから、物事を進めること」などのアドバイスを受けた（たしかに、この性格で何度も失敗してきたものだ）。

また岡田は、「過度のプレッシャーを受けると、逆に闘うやる気を失ってしまう」という結果になり、実感とは違う結果に驚いた。だが、改めてこれまでの失敗経験を振り返ると、「たしかにプレッシャーがきついと思考回路が停止し、気力を失ってしまいがちだ」と納得できるものを感じた。教授からは「そういうときのためにふだんからもっとアサーティブネス（自分の権利を効果的に主張する）力をつけなさい」とアドバイスを受けた（実際、グローバル企業では適切に自己主張できる力は非常に求められる）。

「プレッシャーがかかったときにどんな反応をするか」というのは、その場に遭遇すると冷静に対応できず判断を誤ってしまうリスクがあるので、ビジネスパーソンとしてとても大事な問題だ。いまリーダーとして活躍している人にも、これからリーダーを目指している人にもぜひ、常日頃から意識してもらいたいテーマの一つだ。

ケロッグのEMBAを卒業し、渋谷で社長をやっているOさんは、これまで多くの会社を買収してきたが、思うところがあり、買った会社をすべて売り払ってEMBAに学びにきた。彼はEMBAで自己分析を徹底し、これまで自分がやってきたようなマイクロマネジメント（細かい業務管理）はやる気をそぐだけだと理解した。

そして、部下にはむしろ本質的な質問をし、考えさせることで正しく導くというスタイルの有効性に気づいたという。実際、帰国してからのリーダーシップ・スタイルには大きな変化があり、部下の反応も変わってきているようだ。

「最新のマネジメントスキル」は必要ない

ビジネスエリートがリーダーシップについて学ぶというと、世界を股にかけて活躍するグローバルリーダーをモデリングするとか、最新のマネジメントスキルを身につけるなど、テクニカルな側面がイメージされがちだが、実際に彼らが学んでいるのはそんなことではない。

これまでより一段高いステージで仕事をしたければ、まずは「自分を知ること」、そこから始める必要があるのだ。

2

最悪の「板挟み」を切り抜ける知恵を磨く

ビジネスをしていれば、当然のように対立が起こる。

「部下が思うように働いてくれない」「上司が自分を認めてくれない」というのも対立の一つだ。その他、取引先との問題、他部署との関わり、顧客とのトラブルなどさまざまな対立があるだろう。

そのような対立をコントロールし、建設的な解決策に導くというのもリーダーに課せられた重要な仕事だ。では、世界のトップエリートたちは、どのようにして対立をコントロールするスキルを身につけているのだろうか。

対立が複雑であればあるほど、解決には時間がかかるものだ。これればかりは体系的に学んでどうにかなるものではない。たいていのトラブルはケースバイケースで、経験を積んでいくしか方法がないからだ。

だからこそEMBAでも、ひたすら現実的なケースを取り上げ、「この場面での問題点は何か？」「彼、彼女はどのような行動を取るべきだったのか？」「彼、彼女に欠けていたものは何か」といったかたちで徹底的にディスカッションを繰り返す。

そうやって擬似的な経験値を高め、対応の引き出しを増やしていくのだ。

そこで本書でも、EMBAで取り上げられたケースの概要を紹介するので、ディスカッションに参加するつもりで、あなた自身が「どのように感じるのか」「どのように対処すべきだったと思うのか」を考えながら読み進めてほしい。

「上は無能」「下は頑固」、ではどうするか？

物語の主人公はMBAを卒業したばかりのマイケル（31歳）。

彼は、大手ソフトウェア会社の子会社に、ゼネラルマネジャーとして採用された。

採用にあたっては、親会社の創業社長であるリチャードソンの面接を受けており、「自分の事業内容については、直接リチャードソンに報告する立場にある」とマイケルは聞かされ、入社するに至った。

ところが、マイケルが入社直後に組織の再編成があり、マイケルはアレンという上司の下に配属されることになった。

つまり、マイケルは「直接、親会社（すなわち、リチャードソン）とやり取りする立場」ではなく「親会社（リチャードソン）とやり取りするのはアレン」で、その下につくという組織構造になった。マイケルに不満がなかったわけではないが、そのくらいの組織再編はめずらしいことではない。


こうしてマイケルはアレンの下で働くことになった。

マイケルに課せられた仕事は、当初の予定通り、開発途中のシステムを完成させることだったが、着手してみると、想像以上に遅れていることが判明。このままのペースでは納期に遅れることは目に見えていた。

そのことをアレンに告げるも、アレンは親会社からの意向を一方的に伝えてくるだけで、マイケルのことなどまともに取り合ってくれなかった。

そもそもアレンは、システムに関する知識が乏しく、マイケル自身のことも認めてはいなかったのだ。

そんな状況なので、当然のようにマイケルとアレンの関係は思わしくなかった。

問題はそれだけではない。

システム開発の現場には、クックという38歳のベテランエンジニアがいて、周囲からの信頼は厚かったが、クックもマイケルとの折り合いが悪かった。

マイケルは、開発の遅れについて何度もクックとミーティングをし、進捗の改善を訴えるが、こちらもまともに取り合ってくれない。クックは「マイケルは自分のことを信頼していない」と不満に感じており、改善対策にも消極的だったのだ。

仕方なくマイケルは、クックを異動させるよう会社に申し出るが、これは受け入れられなかった。会社はそう簡単にベテランエンジニアを異動させる気はなかった。

そこでマイケルは遅れている事業を少しでも進めるために、自分にとって信頼できるスタッフを重要ポストに登用するが、これまたクックを始めチームの反感を買ってしまう。

そんな八方塞《はっぽうふさ》がりの状態で、納期までの残り時間だけがどんどん少なくなっていく。

これが物語の概要だ。

「仕事の進め方」にはここまでの選択肢がある

ＥＭＢＡでは、このようなケース（実際にはもっと詳細なケース）を授業の前に読み、自分の考えをまとめたうえでクラスでの議論に臨む。準備しておかなければディスカッションについていけない。今回のケースでは、以下の問いについてクラスで議論をした。

1. マイケルが抱えている問題とは何か？
2. マイケルはどのように問題を回避していけばよかったのか？

さて、授業さながらに、マイケルが抱えている問題について考えてみよう。

あなたはマイケルが抱えている最大の問題は何だと思うだろうか。

授業の中で出た意見としては、何よりもまず、マイケルは「物理的な問題」と「人間的な問題」を整理して考える必要があるというものだった。

たしかに、マイケルは「システム開発が遅れ、納期に間に合いそうもない」という物理的な問題を抱えている。それは間違いない。

そして、それとは別に「上司としてやってきたアレンとの関係」「自分の下にいるエンジニアのクックとの関係」という2種類の人間関係の問題を抱えている。

そもそもマイケルは、これらの「物理的な問題」と「人間的な問題」を混同しており、まったく整理がついていないという指摘は多かった。

続いて、「マイケルは何をすべきだったか?」という問いについては、「システム開発の遅れが想像以上に大きかった時点で、自分の力ではどうすることもできないので、私だったら辞職することも考える」というアメリカ人の意見もあった。

これもまた国や文化、価値観によって意見が分かれるところだ。

日本人的に考えれば「辞めるなんて無責任な……」と思うところだが、アメリカ人の彼女に言わせれば、「自分が来た時点で大幅に開発が遅れていて、間に合いそうもないという状況を、いつまでも自分で抱え込んでいても仕方がない。そうやって自分の責任問題になるほうが、よほど大きな損失だ」と話していた。

その他、マイケルが抱える物理的な問題（開発の遅れ、納期に間に合いそうもないという状況）について「もっと早い段階で、誰かときちんと共有すべきだった」という意見はとても多かった。同じように感じた読者も多いだろう。

下から「上の人間」をマネジメントする

そして議論は次のステージへと進む。

そもそもマイケルは「納期に間に合いそうもない」という物理的な問題を、誰と（きちんと）共有すべきだったのだろうか。

1.「親会社の社長」リチャードソンか？
2.「直属のボス」アレンか？
3.「部下のエンジニア」クックか？

これはなかなか意見が分かれる部分だった。

主にアメリカ人が主張していたのは、やはり「親会社のボスであるリチャードソンに、直接話をすべきだった」という意見。

たしかに、マイケルは面接時にリチャードソンと会っているのだから、報告しようと思えばそのパイプはある。

そもそも欧米人（とくにアメリカ人）にとって「すぐ上のボスがダメなら、さらに上のボスに連絡を取れ！」というのは問題解決の常套《じょうとう》手段だ。

しかし、日本人を始め、アジア圏の人たちからは「そんな頭越しのやり取りをすると、アレンのメンツをつぶし、かえってややこしい問題になる」という意見も聞かれた。当然だろう。

「アレンのように親会社の言いなりになっているやつに限って、自分を無視するような根回しが一番嫌いだ。そんなやつの頭越しに物事を進めたら、事態はもっと混乱する」というわけだ。

そんな彼らが主に主張していたのは、「むしろマイケルに足りなかったのは、『納期に遅れればアレン自身にもマイナスになる』『だから、あなたの立場もまずいことになっている』という共通の危機感をアレンに持たせられなかった点だ」というものだ。

事態をきちんと共有すべき相手はやはりアレンであり、アレンに（自分と同じ）危機感を抱かせることが先決だというのだ。

たしかに、人間的にうまくいかない相手だとしても、相手の人格を理解して、うまくボスをマネジメントするのも部下の仕事だと言える。

その他、ベテランエンジニアであるクックとの関係については「マイケルに問題がある」という意見が大勢を占めた。

○何よりもまず、現場を知るクックをリスペクトして、その姿勢を相手に伝えるべきだった。

○クックが仕事をやりやすいように、状況、環境を整えるのがマイケルの仕事であることを忘れている。

○新参者のマイケルが、ベテランのクックを異動させるなど、発想自体が間違っている(ただし、自分とウマの合わない部下を異動させること自体は、必ずしも悪いことではないし、欧米では珍しいことではない)。

○自分の好みのスタッフを要職につけるなど、反感を買って当然。

など、マイケルの評判は散々だった。

あなたはどう感じただろうか。

シミュレーションを繰り返して思考を鍛えていく

さて、この授業における学びとは何だろう。

それはもちろん「もし、自分がマイケルの立場だったら、どのように対処するか」ということを考えるという部分だ。

「システム開発が間に合いそうもない」という物理的な問題について、どのように受け止め、誰に、どのように報告し、次にどんな手を打つのか。

「もし、自分がその当事者になったとしたら」という状況を想像し、対応プランを自ら考え、決めなければいけない。

あるいは、リチャードソン、アレン、クックという三者との人間関係をどのように構築するのか、という自分なりの戦略を立て、実践しなければならない。

クラスで学んだ方法論の一つとしては、まず利害関係者の関係性をチャート化する、というやり方があった。さらに、それぞれの利害関係者の属するグループ同士の関係性についても、「どことどこのつながりがどれだけ重要か」と重要度の順序を整理する。

これによりカギとなる利害関係者がわかり、彼らに対するアクションが明確になる（この方法については85ページ「抵抗勢力を『マトリックス化』して解決する」の項でも触れる）。「誰が問題か」「どう攻略すべきか」といったことをロジカルに詰めることが重要だ。もしかすると、トラブルの原因は「自分」かもしれない。そのときの最良の選択肢は「自分を変える」ことかもしれない。先にも述べたように、自分を理解することは意外と難しいので注意すべきだ。

そのうえで、残り時間までにどう行動すべきかを整理して、どの段階まで来たら誰に報告、あるいは指示を仰がなければいけないのかを決めていく。

本項の例は主に社内の人間関係の話だが、ＥＭＢＡではさまざまなケースが用意され、そのケースごとに活発なディスカッションが繰り返される。取引先やクライアントとの関係、「自分、クライアント、社内の他部署の担当者」という三者間の問題もある。

そのようなさまざまなケースにおいて、いかにして対立をコントロールし、ベストの落としどころを見つけるのかというトレーニングをいやというほど繰り返すのだ。

ケーススタディに正解はない。登場人物の人間関係など、予想不能な部分も多い。だがそれは実際のビジネスでも同じことだ。多くのケーススタディを集中的に学ぶことは、「経験値」を疑似的に増やし、判断力を上げる作業といえる。

自分が投げ込まれている状況に対して客観的に考えることは意外と難しい。だからこそこのようなトレーニングを繰り返すことによって、複雑な問題に対しても、つねに全体を俯瞰《ふかん》して最善の方法を冷静に判断し、選択する訓練をするのだ。

ビジネスケーススタディ自体は、書籍のかたちでまとまっているものも多い。ぜひ一度、一冊徹底してやってみることをお勧めしたい。

3
圧力、返報性、数値化……どうやって「人を動かす」か？

他人に及ぼす影響力をいかに高めるか。

これもビジネスエリートが日々学んでいる大事な分野の一つだ。

たとえば、あなたが部下に何かをしてほしい場合、何でもすんなりとやってもらうことはできるだろうか。そんな単純なことでも、リーダーとして（あるいは人間として）の影響力がものをいう。

この項目で扱うのは、そんな「影響力」についてだ。

世界でビジネスをしたり、ＥＭＢＡのようなところへ行くとより強く感じるのだが、そもそも「リーダー」という位置づけや解釈が日本と世界とでは少し違う。

日本の場合、リーダーというのは、基本的には役職に紐付《ひもづ》いている。「彼は課長だからリーダーだ」「彼女はマネジャーだからリーダーだ」という具合だ。指名もされていないのにリーダー的な振る舞いをするとうとまれることもある。

だが欧米の企業やグローバル企業では、一つのグループで何かの仕事をしていくとき、自然発生的にリーダーが誕生してくることが多い。

「役職についているからリーダー」というのではなく、仕事を進めていくにあたって「優れたスキルを持っている」とか「指導的立場に立てる」「他者への影響力が強い」など個人の実力に起因してリーダーが生まれるのだ。むしろそのリーダーシップが評価されて、役職が与えられるという順番だ。そういう意味でも、彼らはリーダーシップの最重要のスキルとして、「他人に対する影響力」についてとても熱心に学ぶ。

加えて、日本に比べ、多様な文化、価値観、人種を相手にしなければならないので、より効果的な「影響を与えるスキル」が必要だという切迫した事情もある。

いずれにしても、他人に対する影響力を持たなければリーダーとしての役割を担っていくことはできない。

圧力で人を動かすのも一つの「スキル」

われわれが学んだＥＭＢＡのクラスでは、他人を動かす有力な方法として、まず、三つのアプローチがあると教えられた。

「権力を使った圧力」「相互利益」「道徳」の三つだ。

順番に解説しよう。

まず、「権力を使った圧力」というのは、文字通り「これをやらなければ、こんなひどい目に遭うぞ」というプレッシャーをかけることだ。

「圧力」と言葉にすると過激だが、自分の立場、役職を利用して「相手を動かす」というのもこれに含まれる。あえて口で言わなくても「私の言うことを聞かなければ、クビにする」「評価を下げる」と脅《おど》しているのと同じだからだ。

これは個人としての影響力は持っていないが、役職や立場が影響力を持っているという状態だ。残念ながら、このかたちでしか影響力を持たない日本のリーダーは多いだろう。

あまり褒められた方法ではないが、これは１００％悪いというわけではない。

たとえば「時間がない場合」や「相手の強い抵抗が予想される場合」に、強制的にでも相手を動かさなければならないケースでは「圧力」「強権の発動」は効果的だ。組織を運営するには必要な要素だろう。

ただし、立場や権力で人を動かす方法には、相手のやる気や創造性をそぐといった問題点があることも理解しておかなければならない。

自分がリーダーとして「圧力」（あるいは権力）でしか人を動かせないとしたら、あなたの影響力には大きな問題がある。その事実は最低でも認識しなければならないだろう。

「返報性」を利用して、自分から喜んで動いてもらう

次の「相互利益」というのは、端的に言えば「取り引き」のことだ。「ギブ&テイク」と言い換えてもいい。この「ギブ&テイク」のアプローチは、人に影響を与えるうえでかなり大きな効力を発揮する。

人は「何かをしてもらったら、何かを返さないといけない」と思ってしまう生き物だ。たとえ相手が「知らない人」であっても「嫌いな人」であっても、何らかの恩義を受けると、それと同等（あるいは、それ以上）のものを返さなければいけないと感じてしまう。

『影響力の武器』という著書で有名なアメリカの社会心理学者ロバート・B・チャルディーニは、人間文化のなかで最も広範囲に存在し、最も基本的な要素となっている規範の一つに、この「返報性」を挙げている。

上司が部下に対して何かを与えれば、部下は上司に報いようとする。この構造に則って自らの影響力を高めていくというのは非常に理にかなっている。人を動かしたかったら、何かを与えろ、というわけだ。

あるいは、もう少し露骨になるが、「これをしてくれたら、このくらいの評価をしよう」「これが達成できたら、こんな立場に昇進させよう」という、ある種の交換条件も人が動くうえでの大きなモチベーションになる。その交換条件が妥当《だとう》なものである限り「お互いに不満が少ない」というのも大きなメリットだ。

もっともこれも使い方しだいで、露骨にやりすぎると、あまりにビジネスライクだと印象が悪くなるかもしれない。一方で、「これだけあなたに期待している」「これだけこちらも尽力している」といったふうに見せることができれば、「期待に応えよう」「こちらもがんばろう」と、うまくモチベートできるはずだ。

「相互利益」「取り引き」というと冷たく、ネガティブな印象を受けるかもしれないが、要は使い方次第なのだ。

人間関係を「数字」に換える――シカゴ大EMBAの教え

また、シカゴ大学のEMBAに行っていた友人のジョージによると、彼が受けた授業では「相手に与えた恩義でさえ、すべて数値化できる」と教わったという。

「私はあなたに恩を30グラムあげるから、あなたは私に20グラムを返してください」という取り引きが成り立つという発想であり、人間関係もすべて数値化・定量化できるという考え方だ。さすが、幅広い分野で経済学の物差しを振るう「シカゴ学派」の牙城だ。

もちろん、この発想に賛否があるのは当然だ。

恩義をすべて定量化するなんて現実的でないと考える人もいるだろう。

しかし、現実には「知らない相手」「文化的、宗教的に相容《あいい》れない相手」「嫌いな相手」に、何らかの影響を与えなければならない場面は多い。ビジネスであればとくにそうだ。

そのような相手に対し、私たちはどのようにアプローチをして、交渉ごとを進めていけばいいだろう。そんな場面で最も効力を発揮するのが「相互利益」だ。それも、はっきりと定量化した「ギブ&テイク」の関係を築くことが一番スムースかもしれない。

そういう意味では、ビジネスにおいては「恩義であろうが、何であろうが、すべて定量化して考える」という発想が役に立つ場面は多い。

「これだけの恩義をもらったから、このくらいの便宜《べんぎ》を図ろう」というのは、一見すると「やりすぎ」のように感じるかもしれないが、じつは多くのビジネスシーンで見られる、ごく一般的な発想でもあるのだ。

ただし、ご注意いただきたいのは、自分が与えたと思う恩義と相手の受け取るボリュームはかなり異なるということだ。これを読み違えると、「恩義のわからんやつだ」と思ったり思われたりすることになってしまう。

「見た目」がよければ信頼される

相手に影響を与える方法の3つ目は「道徳」だ。

これは、相手との信頼関係、共通の価値観などを構築したうえで、相手に行動を起こしてもらうという至極まっとうなアプローチだ。

この関係がすばらしく、効果的であることに疑いの余地はない。

もう少し露骨に表現するならば、「相手に好意を抱かせること」に成功すれば、それだけあなたの影響力は上がるという、シンプルな構造だ。

前述のチャルディーニも「好意が影響力の武器になる」ということをはっきりと認めている。『影響力の武器』のなかには、ギネスにも登録された自動車のトップセールスマンのエピソードが出てくるが、彼は「自分が気に入ったセールスマンと、納得できる価格。この二つが一緒になれば、誰でも車を買いますよ」と自信満々に語っている。

好意というのは、それほど大きなパワーを持っているのだ。

ちなみに『影響力の武器』では、「どのようにして人は好意を持つようになるのか」についても詳細な分析がなされている。「ルックスのよさが、他の要素も優れていると感じさせてしまう」「自分と似ていると感じさせることの価値」「お世辞の効果」など興味深い話がいくつも掲載されているので、気になった人は読んでみることをお勧めする。

チャルディーニの言う「人が好意を抱く理由」を理解し、実践することができれば、それだけ他人に対する影響力を上げることが可能だろう。

4
「他人を変える方法」をマスターする

優秀なリーダーに最も求められることと言えば、やはりそれは「変革をリードすること」だろう。

世界のトップエリートたちは、さまざまな企業から「経営者（経営層の一員）として、低迷している業績を立て直してほしい」、あるいは社内でも「買収先の企業へ出向いてビジネスを軌道に乗せてほしい」などのオファーを受ける。このとき求められていることは、つまりは変革をリードすることだ。

最もわかりやすいのが、日産のゴーン社長（当時）や、稲盛和夫さんがＪＡＬの会長に就任したようなケース。低迷している業績を立て直すのがもともとのミッションだが、彼らがやったことは従業員の意識改革、さまざまなビジネスモデルの見直し、仕組みの改善など、結局は「組織変革」をやってのけたのだ。

これはリーダーの仕事の中でも、最もその「人材の価値」を問われる仕事と言えるだろう。それゆえ彼らは、「変革をリードするリーダーシップ」の方法について徹底的に学ぶ。

膨大な事例からわかった「本当に組織を変えられる方法」

当然、EMBAにも変革をリードするためのリーダーシップの授業がある。

授業では、組織を変革するためのノウハウを学ぶのだが、私が参加したクラスには、あるグローバル企業でエグゼクティブとして働く女性がいて、彼女の会社で実践している「組織変革の仕組み」について紹介していた。

これがじつに興味深い話だった。


もともと、彼女の会社（A社）は買収を繰り返して大きくなってきたのだが、買収した会社をいかに早く、A社の文化や理念に馴染《なじ》ませ、利益を生み出せる状態にしていくかというのが大きな悩みのタネだった。

これはどんな企業にも共通する大きな課題の一つである。

そこでA社では「成功した変革」と「失敗した変革」のデータを集め、徹底的に分析し、「どうすれば組織変革はうまくいくのか」というノウハウをつくりだした。

現在ではマネジャークラス以上のすべての人がその研修を受けることになっていて、積極的に「変革をリードできるリーダー」を育成しているという。

そんな彼女が語ったケースと、ＥＭＢＡの授業内容をあわせて考えると、多くのエグゼクティブが必須と考えて学んでいる「組織を変革する方法」は、具体的には以下のようなノウハウになる。

変わりたがらない人に「変化のオンパレード」を強いる

組織変革に取りかかる際、まずやるべきは「強固なコアチーム」をつくることだ。

組織を変革するというのは、そこに属する人たちの意識を変え、ビジネスのやり方を変え、目指すゴールを変え、仕事への関わり方を変え、コミュニケーションの取り方を変えるなど、まさに「変化のオンパレード」を強いる作業だ。

しかし多くの人が知る通り、人は誰でも「変化」を恐れ、嫌うものだ。それゆえ組織を変革しようとすると、激しい抵抗に遭う。

つまり「組織を変革する」というミッションは、例外なく、とんでもない逆風のなかでスタートすることを覚悟しなければならない。ゼロからの出発どころか、マイナスからのスタートなのだ。

そんな過酷な環境でミッションを遂行するには「信頼できて、ビジョンを共有している結束の固いチーム」が不可欠だ。

だからこそ、まずは数人の小グループで構わないので「同じ目標に向かい、一枚岩になれる本物のコアチーム」をつくらなければならない。

「危機感」を抱かせ、「希望」におびきよせる

実際にミッションが始まったら、最初のステップは「従業員の危機感を高める」こととなる。

そもそも組織に変革が必要なシーンというのは「このままいけば、とんでもない状況になる」というケースがほとんどだ。倒産、会社が買収される、部署の閉鎖、プロジェクトチームの解散など、必ずそこにいる人たちに何らかの火の粉が降りかかってくる状況に直面しているのだ。

まずは、その「厳しい真実」をきちんと伝えることからスタートしなければならない。

ところが、すでに述べたように、ほとんどの人が「変わりたくない」と思っていて、そう思っている人ほど現状を甘く見る傾向がある。「危ないとはいっても、まだ大丈夫だろう……」と楽観視しているのだ。

そんな人たちに対して「いまここで変わらなければ、こんなにも暗い未来が待っている」「こんなにも危機的状況にある」ということをはっきり示し、自分自身の問題として危機を認識してもらわなければならない。

稲盛さんが実践したJALの改革でも、「このままではJALはなくなってしまう」という危機感を共有するところから始めたという。

人間にとって「変わる」というのは非常に高いハードルだ。だからこそ、「変わらなければ、とんでもない未来が待っている」という真の危機感なくして、変化を促すことなどできないのだ。

ただし、ここで大事なのは「ただ危機感を煽《あお》る」のではなく、「ここで変われば、こんな明るい未来もある」という希望についても伝えていくことだ。

危機感と希望。この両輪をきちんと伝えることができれば、その人たちから「変化を促す行動」を引き出せるかもしれない。少なくとも「その準備ができた」といえるだろう。

すべての相手と「一対一の膝詰め」で話す

危機感を共有したら、次はビジョンを浸透させる作業に入る。

自分たちの会社がどこに向かっているのか。何を大事にしているのか。どんな思いで働くべきなのか。そんなビジョンをしっかり共有しなければ、本当の意味での組織変革はできない。

しかし、「危機感を持たせて、ビジョンを共有する」というのは並大抵のことではない。この種の仕事を経験したことのある人なら痛感しているだろう。

リーダーやコアチームのメンバーが一方的に話すのは簡単だが、それを一人ひとりに理解させ、意識を変えることは容易ではない。

この話をしてくれたEMBAのクラスメイトも「とにかくこの場面では、一人ひとりと一対一で向き合うこと。そして、徹底的にコミュニケーション量を増やすしかない」と強調していた。

実際、彼女の会社でも、コアチームのメンバーが全国を飛び回り、それこそ全社員とじっくり向き合い、「変わらなければいけない理由」「自分たちが目指す方向」について徹底的に話し合ったという。

地道で時間のかかる作業だが、ここをクリアしない限り、しょせんは見せかけの変革に終わってしまう。社員の意識が変わらなければ、組織編成や仕組みをいくらいじっても本質的には何も変わらない。

人の意識を変えるというのは、最もむずかしいミッションかもしれない。そんな変革をリードするリーダーには、情熱や根気、他人を動かす影響力などさまざまな能力が求められる。

あなたはリーダーとして、相手の意識を変えるほどの熱意と根気、影響力やプレゼン力を持っているだろうか。真のリーダーシップが問われる場面だ。

「動くしかない」ところまで追いつめる

次にやるべきは、従業員一人ひとりが「自発的に行動する」よう促すことだ。

しかし、危機感やビジョンを共有したからといって、簡単に人が行動するわけではない。

たいていの人は「これがあるからできない」「これがなければうまくいかない」などさまざまな理由を並べ立てて、行動しないものだからだ。

そういった障害を一つひとつ取り除くのもリーダーやコアチームメンバーの仕事だ。ときには、しくみやルールを変える必要もあるだろうし、その部署のボスと交渉することもよくある話だ。仕事のやり方を変えるための提案をしたり、それに必要な資料をつくることもある。そんな調整力もリーダーに求められるスキルなのだ。

そうやって丁寧に障害を取り除き、行動できる（行動するしかない）状況をお膳立てして、やっと人は動きはじめる。

「そこまでやらなければダメなのか」と途方に暮れそうなところだが、そのくらい地道で、気の遠くなるような作業の先に、ようやく組織変革という大きなミッションの達成が見えてくる。

「意識」にじわじわ影響を与える

従業員が行動を始める際には、小さな成功体験を積ませ、その成功を褒めることも忘れてはいけない。誰かが行動して、ほんの小さな成功を収めたら、それを褒め、盛り上げ、周りにシェアする。

そのように「行動した人」を認める空気を広めていけば、段々と「私も行動したほうがよさそう」「これは動かないとまずそうだ」とみんなが思うようになってくる。そんなふうに少しずつ、少しずつ自発性を育て、行動をリードしていくことで、変革の輪が広がり、いずれは大きな成功へとつながっていく。

具体的には、ビジョンに即した行動を評価したり表彰したりする制度をつくることも必要だろうし、周りに周知するしくみ、ネットワークを構築することも大切だ。

「たかが表彰」と軽んじる人もいるかもしれないが、評価され、「あの人はすごいんだ」と周りの人に思ってもらうことで自信を得ることは多いし、そうやって行動のハードルはどんどん下がっていく。

そんな心理的な要素も巧みに使いつつ、人の意識や行動を変革していくことがリーダー（およびコアチーム）の役割なのだ。

5 抵抗勢力を「マトリックス化」して解決する

「変革をリードする」方法を学ぶに際して、もう一つ落とせないポイントがある。それは「抵抗勢力にどう対処するか」だ。

変革に抵抗はつきものなので、抵抗勢力を過小評価せず、適切に対応することが、じつは変革の成功を左右する重要な要素だ。

EMBAに学びに来るビジネスエリートでも、過去にこれで失敗した経験を持つ人は多いので、これはクラスで議論が白熱する分野の一つだ。

このテーマにおいても、EMBAのクラスメイトからじつにユニークで、現実的な実践事例を聞いたので、そのノウハウをここで紹介しておこう。

「影響力が低い」相手は気にしない

人事や組織変革について先進的な発想を持つその企業では、組織変革を実施するに際しては、まず、すべての関係者をリスト化し可視化するという。

このときのポイントは「少しでも関係しそうであればリストに入れておく」ことだ。

そして、リストにあるすべての関係者を「変革への影響力×協力度」の4象限マトリックスに当てはめてみる。

「影響力が高く、協力度が低い人」を変革のキーパーソンと位置づけ、コアチームで戦略を練り、アタックするのだ。

たとえ協力度が低い（つまり、反対派の）相手だったとしても、影響力が大きくなければいったんは置いておく。こうやって、少ない人数で効率的かつ効果的に抵抗勢力にアプローチする。

「反対勢力への対策」も組織変革におけるタスクの一つとして客観的に捉え、システマチックにまとめてしまおうという発想だ。

非常に合理的かつユニークで、現実的なアプローチではないだろうか。

もちろん、そう簡単にうまく変化を促せない場合もあるが、チームで戦略を練っているので「担当者を替える」「相手にとって有利な条件を設定する」「相手が話を聞き入れそうな上司、先輩を説得して交渉に当たってもらう」などさまざまな方策を採ることができる。

このようにチームで交渉に当たるというところに大きな意味や価値があるし、リスト化することによって状況を可視化、共有できるというメリットも大きい。

また、リスト化することによって、コアチームでは「次は、誰をどのように変化させるべきか」という点もはっきりしてくる。

交渉や根回しそのものは非常に人間的な作業だが、反対勢力との向き合い方は機械的にしてしまうところが、このノウハウの大きな特徴だ。

変化に反対する理由は「3つ」しかない

反対派のキーパーソンと向き合うときに忘れてはならない大事な要素がある。

それは「この人は何を理由に反対しているのか？」という真の理由を探ることだ。

当然ながら、反対している側はそれなりの理由や事情を抱えている。

大別すると「技術的」「文化的」「政治的」という3つの事情のどれかによって、人は反対しているものだ。


たとえば技術的な事情で反対するというのは、製造現場の改革をする際に「このようなやり方に変えてほしい」という依頼をしたとして、それに対して「技術的に不可能だ」「そんなことをすると、製品のクオリティが下がる」「そのやり方では時間がかかりすぎて、スタッフの確保がむずかしくなる」などの理由で反対するというパターンだ。

よくある話だろう。

もちろん、簡単に解決できる問題ではないが、技術的な問題だけが残っていて「変革に対する意識やビジョン」に大きなズレがないならば、現場を知る専門家を集めて対策チームを組織するなど、いくつかの方法によって突破口を見いだせる可能性は高い。

それで本当に無理なら、まったく新しい方法を考えるなど、方針を切り替えればいい。

抵抗の理由としては、比較的シンプルで、対処しやすい部類と言える。

いかにして「地雷」を踏まずに相手を動かすか？

やっかいなのは、「文化的」「政治的」理由で反対している相手だ。

文化的というのは、大きく分けて2種類あって「企業文化」と「国や宗教などの文化」という二つの側面を考慮しなければならない。

たとえば、企業を吸収合併した場合には「今後はこういうやり方で進めていきたい」という変革の方針を示していくものだが、「俺たちはこれまで何十年もこういう意識でやってきた」「そんなやり方は容認できない」と合併前の企業文化を盾に反対してくる人たちは少なくない。

こうして企業文化のそりが合わず（つまりは変革をリードすることができず）、企業買収が失敗に終わるケースは多い。

あるいは、宗教問題の場合、こちらの意向をいくら伝えたところで「それは受け入れられません」とまったく取り合ってもらえないケースも多い。とくに異文化の国や地域へ行った際には、基本的に相手の文化や風習を尊重しないことにはまったく前に進まなくなってしまう（詳しくは、第2章のネゴシエーション、第5章のグローバルビジネスの章でも語る）。

また、社内の政治的理由で変革を受け入れられないというケースも多い。社長派（改革推進派）と会長派（保守派）に社内が割れていて、いくら変革を進めようとしても、相手が会長派だというだけでこちらの要望をまったく聞き入れてくれないといったケースが典型的だ。大塚家具の父娘問題が話題になったが、あんなふうに政治的圧力がかかってくると、変革は相当むずかしくなる。

この場合、実力だけでなくコネクションという意味でも「キーパーソン」の影響力を見極めて、働きかける必要がある。

ＥＭＢＡのクラスメイトのなかにも『陰の実力者』のようなキーパーソンがいて、その人に交渉をしなければならないケースは、本当にやっかいだった」と語っている人がいたし、交渉の現場でも「そこら中に地雷が埋まっていて、いかに地雷を踏まずに話を進めるかに神経を使った」と話している人がいた。

こうなってくると、なかなかスムースに交渉するのはむずかしくなるが、いずれにしても「その人がなぜ反対しているのか」という真の理由を探るというのは、変革を進めるリーダー、あるいはコアチームには絶対に必要な視点だ。

最低でも、その真因をつかんでいなければ効果的な根回し戦術を構築することができないし、的外れな交渉をすることで事態を悪化させてしまうこともあるだろう。

だからこそ、リーダーを目指すビジネスエリートは日々理論を学び、ケースを数多くこなすことによってその眼力を鍛えているのだ。

第2章

「絶対に負けない交渉法」を頭にインプットする

トップエリートの知的ネゴシエーション術

1

「この知識」が負けない交渉をつくる

ビジネスにおいてネゴシエーションは欠かすことのできない大事な要素だ。

優秀なネゴシエーターはそれだけ組織に利益をもたらし、貴重な人材として重宝される。

当然、世界の第一線で活躍するビジネスエリートはネゴシエーションについて熱心に学び、スキルを高めたいと思っている。

しかし、そこで問題となるのは「よいネゴシエーションとは、どういうものか?」という問いだ。

自分にとって有利な条件を引き出せば引き出すほど、それはよいネゴシエーションだと言えるのだろうか。タフな交渉をすることが、本当に優秀なネゴシエーターと言えるのだろうか。

交渉には「ビジネスパーソンとしての運命」をかけて臨む

ＥＭＢＡのネゴシエーションのクラスでは、基本的には「ウィン－ウィン」を目指す方法を学ぶ。「独り勝ち（winner-take-all）」の発想では長期的にはビジネスはうまくいかないという考え方だ。

といって、相手に譲歩ばかりしていては、自社の利益を損なってしまうので、相手からも相応の譲歩を引き出さなければならない。

交渉担当者は、この駆け引きの中で相手と向き合いつつ「なんとかして、この契約をまとめなければならない」というプレッシャーに晒《さら》され続ける。

交渉の現場では「どこまで価格を下げてもいいのか？」「長期的な関係を重視すべきか、それとも、短期的な利益にこだわるべきなのか？」「自分から条件を提示すべきか？相手の手の内を見てからにすべきか？」「取り引きを成立させることを優先すべきか？手を引くという選択肢もあり得るのか？」などさまざまな考えが脳裏をよぎり、交渉担当者を悩ませる。

さて、この場合、最も重要なことは何だろうか？

それは「ベストの落としどころ」を想定すると同時に、「これだけは譲れない」という線をきちんと引いておくことだ。

この二つを持たずに交渉に臨むと、自分が想像もしていなかったライン上で交渉が進んでしまったときに、どうしていいかわからなくなってしまう。

ＥＭＢＡでもさまざまなケース、設定を用いてネゴシエーションの実践的ロールプレイを行ったのだが、インド人やイスラエル人などは、信じられないほど強気の条件をグイグイ押しつけてくることもめずらしくない。インド人は果てしなくペラペラとしゃべり続けるし、イスラエル人は交渉相手が親しい人だろうと、上司だろうと、情け容赦なく攻撃してくる。

そんな際、自分なりの「ベスト」と「譲れない線」を持っていない（許容範囲が曖昧《あいまい》になっている）と、相手の許容範囲内だけでの交渉になるか、あるいは単純に破談になる。

たとえば、「ある会社がビジネスを拡大するために、中国で製造している商品の生産量を倍にしたいので、いま在庫を置くために使っている香港の自社倉庫を売って、より大きな規模の倉庫を購入したい」というケースがあった。

このケースは、50万ドル程度が妥当な価格として設計されていたのだが、5倍、10倍の価格を呑まされたクラスメイトがいた。完全なる失敗例だ。

ロールプレイの後「なんで、そんな価格になってしまったの？」と聞いてみると、やはり最初に「ベスト」と「譲れない線」を設定しておらず、そのため「落としどころ」のイメージがなかったことが一番の要因だった。

これは教室内のロールプレイだったからよかったものの、現実の交渉ではビジネスパーソンとしてこんな失敗は許されるものではないだろう。この規模の交渉に失敗したら、会社へのダメージだけではなく、自身のキャリアにも大きな傷を残すことになってしまう。

BATNAで「いつテーブルを離れるか」が明確になる

そしてもう一つ、交渉担当者には「この契約をまとめなければならない」というプレッシャーがつねにかかっていて、この状況自体が、交渉担当者の弱点となっていることを忘れてはならない。交渉の現場において、最も立場が弱いのは、「絶対に、この契約をまとめなければならない」というプレッシャーを背負っている人だ。

「相手はぜひともこの契約をほしがっている」と知れば、価格をつりあげ、破格の条件を突きつけるのが当然だ。誰でもそうするだろう。どんな条件を提示したって、相手は交渉のテーブルから離れることはできないのだ。

そこで必要となってくるのが「ＢＡＴＮＡ」（Best Alternative to a Negotiated Agreement「交渉相手から提示された条件以外での最善の代替案」）の存在だ。

もしこの契約がまとまらなかったら、どのような代替案が考えられて、その代替案にはどのようなリスク（時間、コスト、人員、クオリティなど）があるのかを検討して、ＢＡＴＮＡを用意することで、交渉のあり方は決定的に変わってくる。

前述の「香港の倉庫を買う」（妥当な金額は50万ドル程度）という交渉についても、ＢＡＴＮＡを考えておけば、それほどとんでもない金額交渉には、そもそもならなかっただろう。たとえば、こんな感じだ。

○他の倉庫を購入すると、60万ドルほどかかる。
○他の倉庫は港からやや離れていて、輸送コストとして年間5万ドルのロスが出る。
○その倉庫は現在使用中で、売り出しに出るのは3か月後である。

こんな代替案に関する情報を持っていれば、「交渉中の倉庫」に100%こだわる必要はなくなる。ざっと考えるだけでも、「70万ドルくらいまでならBATNAより利益が出る」という計算が成り立つし、「即座に購入せず、しばらくのあいだはレンタルにしようか」などの別案も浮上してくるだろう。

しかし、もしBATNAを持たず、「この倉庫を買わなければならない」というミッションだけを背負っていたとしたらどうか。100万ドルでも、150万ドルでも買わなければならなくなってしまうだろう。

結局のところ、よいネゴシエーションとは、単に相手からいい条件を引き出すだけでなく、想定し得るすべての選択肢よりも「有利な落としどころ」を見つけ出すことなのだ。いかに相手から譲歩を引き出したとしても、「BATNAより有利な落としどころ」でなければ、その交渉に価値はない。交渉担当者は、速やかにテーブルから離れるべきだ。

ケロッグで学ぶ「相手にとって重要なこと」を探る戦略

さらに、EMBAでネゴシエーションを担当していたある教授は、「現代のネゴシエーションは『発明』だ」と言っていた。

とくにケロッグのEMBAでは、MESO（Multiple Equivalent Simultaneous Offers「複数の等価の同時オファー」）という交渉戦略について詳しく学ぶ。

これは、こちらにとっては同等の価値がある申し出を、いくつかバリエーションを変えて提示することで、相手にとって重要度や優先度が高いことは何かを探り、互いが得をする提案を見つけるという交渉戦略だ。

たんに互いが自分のポジションに固執しているだけでは、にっちもさっちもいかなくなる。「どちらがより大きく勝つか」というルールから離れ、双方が勝てるようゲームのルールを変える方法を発明しなくてはならない。

現代のビジネスエリートは、いかに勝つかではなく、「双方が満足する道を見つけるにはどうすればいいか」について、あらゆるノウハウを蓄積するためにさまざまなケースを学んでいるのだ。

2 日本人、韓国人、中国人の特性を知り尽くす

ネゴシエーションについて、いま世界のビジネスパーソンが興味を持ち、真剣に学んでいるのが「アジア」（とくに日本、韓国、中国、ASEAN）の文化を持つ相手との交渉法だ。グローバル企業がビジネスを展開する際、東アジアの企業とは必ず何らかのかたちで交渉をすることになるが、それでいて欧米人からすれば、学ばないかぎり「ツボ」が非常にわかりづらい。

EMBAで学んだ対アジアのネゴシエーション法は、日本のビジネスパーソンにとっては、対中国、対韓国の交渉に役に立つだろうし、そもそも国内の交渉でも役に立つだろう。また、欧米のビジネスパーソンがわれわれに対して「どんな印象を持ち、どのような対策を講じているのか」を知る意味でも価値がある。授業で学んだことに加えて、現役のビジネスエリートたちから得た情報を総合した学びのポイントは以下の6つだ。

1．「親密な関係」を築く

これはアジアに限らず、どんな国でも共通するのだが、とくに中国人と交渉をする場合には、人間的に良好な関係を築かなければ、ビジネスの話は始まらないと考えたほうがよさそうだ。ときに欧米人はいきなりビジネスの話をしようとするが、そんな方法は通用しないと心得なければならない。

2．「人数や役職」は相手に合わせる

日本人の感覚では、交渉の現場で人数や役職を揃えるのは当たり前のことのように感じる。相手の会社は事業部長が出てきているのに、こちらは主任しか行かないなんてことはまず考えられない。あるいは、相手が四人いるのに、こちらは一人しかいない、なんてケースも少ないだろう。しかしアメリカ人の場合は、どんな相手に対しても、自分一人で乗り込んで交渉を始めるなんてケースもめずらしくない。

そういった単独で突っ走るようなスタイルはアジア諸国を相手にする場合には、あまり

受け入れられない。そのことを理解したうえで、適切な交渉チームを組織しなければならない。

3.「女性」を一人入れる

「なぜ、女性？」と思われるかもしれないが、アジアでの交渉は依然として男性が主体となっていることが多い。そんな中、交渉チームに女性が一人入っていると、相手に対する印象が変わったり、その場の緊張が緩むなど、交渉力が強くなると言われている。

ただし、この場合にはコミュニケーション能力に長《た》けた女性であることが重要な条件であることは言うまでもない。もっとも、今後は女性が交渉の中心になることも増えてくるだろうから、この作戦はいずれ意味を持たなくなる日が来るかもしれない。

4.相手の「バックグラウンド」を徹底的に調べる

これはアジアに限らず当然なのだが、相手企業のバックグラウンドについては徹底的に調べることが重要となる。会社の成り立ちから、経営的にどの分野が強いのか、現状はどうなのか、新規事業は順調なのか、ときには交渉者自身のバックボーンについてもさまざまな角度から調べることが必要だ。

往々にして、アメリカ人のネゴシエーターは詳細なデータを調べるなど、相手に関する詳しい情報を集めてから交渉の現場にやってくるものだが、文化的背景の異なる相手と交渉する際はとくに入念な事前調査が求められる。

5.「時間がかかる」ことを覚悟する

アジアでの交渉はとにかく時間がかかることが多い。

よく日本でも「社に持ち帰って検討します」というお決まりの応対パターンがあるが、原則として、欧米では「決裁権のある人間が交渉に出向いている」という意識があるため、「いやいや、ここで決めてくれ」という気持ちになりがちだ。

しかし、そんな焦った態度で臨んでも、アジアでの交渉事はうまくいかない。

6.「契約条項」は絶対ではない

欧米人にとって契約条項は絶対的な効力を持つ。おそらく日本人も同じような感覚を持っているだろうが、中国や韓国では必ずしもそうではない。

契約条項は大事だけれど、それは絶対的なものではなく、ある種のシンボルのようなものに過ぎない。彼らはビジネスを進めていきながら、次々と変更を加えていこうとする。それに対してこちらは柔軟に臨むのか、きっぱりと拒むのか。契約ですら絶対ではないと意識しながら交渉を進める必要がある。契約が成立した時点で安心していてはとんでもない目に遭うことがある。

対アジアのネゴシエーションについて、ざっくり言うと以上のようなこととそれぞれの具体的な対応法を彼らは学んでいる。

日本人は「ナンバーワンのプライド」で失敗している

ついでと言っては語弊があるが、同じ授業のなかで、日本、中国、韓国についての「印象、特徴」についても活発な意見交換があったので、紹介しておこう。とくに欧米人のアジアへの見方がどういったものか、参考になるはずだ（なお、あくまでもこのような見方もあるということであり、必ずしもこれらが欧米のアジア観を代表していると考えているわけではない）。

日本人は手持ちのカードをいつまでも出さないので、「いったい何がしたいのか」「何ができるのか」がわからないケースが多い。一方、韓国人は、変化に対して柔軟に対応する側面を持っている。

さらに日本人は、自国の文化や技術に誇りを持ちすぎていて「ジャパン・アズ・ナンバーワン」という感覚がときにビジネスの邪魔をする。

また、日本人と中国人はのらりくらりとしていて、物事を迂回《うかい》して進めようとする傾向が強い。韓国人はストレートな交渉をする。

韓国人は、客観的な事実よりも、個人的都合（たとえば、親族のビジネスに影響するかなど）を重視して考える傾向がある。それは日本人や中国人にはあまり見られない傾向だ。

韓国人も中国人もメンツをとても大事にするが、ビジネスの現場では韓国人のほうがメンツのプライオリティがより高く、ときには自分の能力を超えた内容でも「それならできる」「任せてくれ」と請け負ってしまうところがある。

中国人の社会では、とにかくコネがモノを言うので、コネをつくらないことにはビジネスが進まない。そのためには賄賂《わいろ》が必要なケースが存在するようだ。

と、こんな話が飛び交っていた。賛同できる部分もあれば、「ちょっと違うな」と感じるところもあるが、少なくともこのように感じている欧米人がいるということは事実だ。知っておいて損はないだろう。

3

「何」をすれば、「いくらもらえるのか」を考える

ビジネスエリートにとって、転職時の自分の待遇、昇給に関する交渉も非常に身近な関心事の一つである。

日本の大学やビジネススクールではあまり見かけないカリキュラムだが、欧米のエリートはそんな「転職、昇給に関するネゴシエーション」についても意識的に学んでいる。内容自体は非常に基本的な部分から、かなり生々しい話にまで至るのだが、みんなにとって関心の高いテーマであるだけに、ＥＭＢＡでもこの関係の授業は注目度が高い。

「できなかったら、どうなるのか」を確認する

日本と欧米では、そもそも「仕事」への認識がまるで違うことをまず理解する必要があ

る。

日本の場合、「会社に入る」「その会社の一員になる」という認識が強いが、欧米（とくにアメリカ）では「どんな役割が与えられるのか？　責任範囲はどこまでか？」というジョブディスクリプション（職務記述書）がすべての基本となる。企業がビジネスパーソンに「この仕事をしてもらう」と具体的に明記した文書だ。

つまり、会社員になるというより、その職務の責任者になるというイメージだ。それだけ実際的な責任を負うし、その仕事がなくなってしまえば、自動的に解雇されることもめずらしくない。

そのため転職（異動）などの際には、企業の示すジョブディスクリプションがどこまで明確になっているかが重要になってくる。どのような仕事が与えられ、どのような権限と責任が伴うのか。そこに曖昧さが残っていると、後々トラブルになりやすく、自分にとっても、会社にとってもデメリットが大きい。

また、交渉時に提示される金額ももちろん大事だが、目の前に提示された金額だけにとらわれず、「パフォーマンスが高かったときにはどうなるのか」、逆に「パフォーマンスが低かったときはどうなるのか」という未来の部分も確認しておく必要がある。

いくら高い金額を提示されても「この目標を達成できなかった場合にはクビにする」というのでは話は全然違ってくるだろうし、最初の提示額が少なくても、半年後の出来高によるボーナスが大きければ、そのオファーの価値はがぜん変わるというものだ。

前任者の「運命」が、あなたの明日の姿

そのほか、意外に注意しなければならないのが、「そのポジションはどのくらい空いていたのか」「前任者はどうなったのか」を確認することだ。

長くポジションが空いているということは、それなりに問題があるという可能性が高いだろうし、「前任者がどうなったのか」というのは（ある意味では）明日の自分の姿なのだ。

しかし、これらの情報は相手にとって「あまり言いたくない内容」であればあるほど、本当のことは教えてもらえない。企業側にすれば当然だろう。

そこで必要となるのが、信頼できるヘッドハンターや転職コンサルタントの存在だ。あるいは、自分自身で幅広いネットワークを持っていれば、「いま、○○という会社でこんな仕事の話を打診されているんだけど、前任者の話って何か知っている?」などと情報収

集ができる。

これはアメリカではごく当たり前かつ重要なネットワークだ。人脈とはビジネスの可能性を広げてくれるものであると同時に、自分の身を守ってくれるものでもある。

日本に比べて労働の流動性が高いアメリカ社会では、会社と個人の関係は希薄だが、その分、人と人とのつながりからの「信頼できる情報のやり取り」がとても大事になってくる。

最初は「2倍」で交渉する

交渉のクラスの議論で最も盛り上がったのは、「転職時の給与交渉の際に、どの程度の希望金額を言って交渉するか?」というテーマだった。

その場でクラスメイトに、以下のいずれかの選択肢で質問してみた。

1. 前職の給与とほぼ同じ金額で交渉する
2. 前職の給与より高い金額で交渉する
3. 自分からは金額を言わず相手からの提案を待つ

結論としては、クラスメイト45人中、1の回答を選んだのは、日本人、デンマーク人、ドイツ人だけ。残りは全員2で、3を選択した人はゼロだった。

高いレベルの仕事を求める彼らエリートは、「自分の売り方」も交渉上手で、必ず最初は高めにふっかけるのだ。

とくにインド人やシンガポール人などは、最初から、

「転職で給与を上げるのは当たり前。最初は前職の給与より1・5倍から2倍の金額で希望を出す。自分が入社したらそれだけ会社に利益をもたらす自信がある。むしろ、前職と同じ金額を提示されたら自分はその会社に必要とされていないのではないか、と感じてしまう」

と言っており、日本人との価値観の違いに驚かされた。

そもそも日本人の場合、「高い金額をふっかける」というのは嘘をついているような罪悪感を抱いてしまいがちだが、同じ感覚で海外で転職活動をしたら「謙虚すぎて自信がない」と捉えられてしまうかもしれないのだ。

根拠を明示して「ふっかける」

では、実際に自分がいま、転職の話が進み、相手の企業から「年収1000万円でどうか？」という提案を受けているとして、考えてみよう。いまの会社での自分の年収は900万円とする。

自分としてはもっと高く売り込みたいので「1500万円ほしい」「2000万円ほしい」と要求することはできる。

そして当たり前のことながら、会社側も基準を持っているので、そこで交渉になるわけだ。

「できれば1500万円にしたい」と思っている個人は、最初からその金額を相手に示したほうがいいのか、それとも最初は強気に「2000万円はほしいと思っている」とふっかけたほうがいいものなのか。

外資系やグローバル企業での正解は、「謙虚になる必要はなく、本当に自信があるなら、希望をきちんと伝えたほうがいい。ただし、その際にはその金額を交渉する根拠も伝える必要がある」というものだろう。

外部採用をするとき、ほとんどの場合、会社側は「この仕事に対して、その人のレベル、キャリアに対して、このくらいまでの給与なら出せる」という社内基準を持っている。いくら出してもいいからその人がほしい、という稀有なケースではない限り、同じような仕事をしている、同じようなレベルの人の給与も考慮しながら最終的に金額を決定する。

だから相場とあまりにもかけ離れた金額で交渉すると、場合によっては「この人は、自分の市場価値がわかってないな」という印象を持たれてしまう。

そして、長期的な視点で考えるとリスクがもう一つ。

仮に最初の契約の段階で、自分が希望する高額な報酬を勝ち得たとしても「その報酬に見合うパフォーマンスが本当にできるのか」というところをシビアに見られることも忘れてはいけない。

半年なり1年が経過した際、報酬に見合う仕事ができていなければ、当然ながら評価が下がる。結果として最初の想定よりも年収が下がってしまうことだって十分にあり得る。

この場合、年収が下がるだけでなく、「言ったことを実行できなかった」ということで信頼までも失ってしまうことになる。

ビジネスパーソンがリーダーシップを発揮するうえで「信頼」は非常に重要な要素なので、結果としてその会社に居づらくなってしまい、短期間のうちに会社を去る、ということにもなりかねない。

やはり、ネゴシエーションというのは「その場限り」の話ではなく、未来において「双方にとってウィン－ウィン」の関係を築けることが大事なのだ。それは「組織対組織」の場合も、個人が絡む場合においても結局は同じである。

第3章

「不毛な消耗戦」から抜け出す発想をつかむ

イノベーション思考を身につける

1
これまで「見えていなかった」ものに目をこらす

大企業にとって新規事業を立ち上げ、軌道に乗せることは最重要課題の一つである。これは世界中のどこへ行っても、企業のトップたちの共通認識だ。リストラやコストカットを繰り返したり、新しいマーケットを開拓していくこともちろん必要だろう。しかし、それらをいくら駆使したところで、従来とまったく同じ事業を続けている限り、どこかで必ず行き詰まる。技術やサービスが陳腐化し、マーケットそのものがなくなってしまうこともめずらしくない。企業を維持し、さらに成長させていくには、「新しいこと」を考え続ける必要があるのだ。

ところが、さまざまな調査結果を見ても、新規と呼ばれる事業はことごとく失敗に終わっている。その理由を一言で表すならば、「既存の会社のシステムが邪魔をするから」だ。

言うまでもなく、企業は継続的な利益を叩き出さなければならない。その大半を担っているのが既存の事業だ。つまり、企業というのは「既存の事業をいかに効率よくランニングさせるか」ということでシステムが成り立っていて、その仕組みをブラッシュアップさせ続けている。

しかし皮肉なことに、その「既存事業のためのシステム」が洗練され、効率化されればされるほど、新規事業にとっては大きな障害となり、長期的に見れば企業自体の首を絞めることになる。そんな構造的な矛盾を企業（とくに大企業）は抱えているのだ。

もちろん優秀なビジネスエリートは、そんな企業が内包する矛盾に気づいている。だからこそ、彼らは「そもそも、なぜ新規事業は成功しないのか」、そして「成功させるためには何が必要なのか」を躍起になって学んでいる。

ＥＭＢＡでも「テクノロジー・マネジメント」という、新しいテクノロジーをいかにマネジメントしてビジネス化していくかというコースや、企業内で生まれるベンチャーをどのように育て、軌道に乗せていくのかを学ぶ「企業内アントレプレナーシップ」という授業が盛んに行われている。

「大企業」というシステムや文化のなかで、完全なる異端児である「新規事業」をいかにして生み出し、育てていくか。これは世界中のビジネスエリートにとって、共通の課題である。

しないですませる「鉄壁」のロジック

このテーマにおける学びの出発点は、何と言っても「既存事業と新規事業はあらゆる側面で異なる」と認識することだ。これは「大企業」と「ベンチャー企業」の違いを認識することと、ほとんど同義である。

まずは文化。

そもそも企業（とくに大企業）には「リスクを避ける」という文化があるだろう。

新しい事業を立ち上げようとすると、

「成功率はどのくらいあるのか？」

「どのくらいの利益が得られるのか？」

「どのくらいコストや時間がかかるのか？」

「投資に見合うリターンは得られるのか？」

といった話にすぐに結びつけられてしまう。

もちろん成功率を考えたり利益構造を分析したりすることは必要だが、従来の感覚や仕組み、文化をベースに新規事業の分析・解析をしたら、結局何も始められない。「そうまでしてリスクを取らなくても、従来の事業に少し手を入れれば、もっと効率的かつ安全に稼げるのではないか」という議論に落ち着くことになるからだ。

これは企業の論理としてはじつにまっとうで、説得力のある主張だが、この「大企業の文化」こそが新規事業の大きな足かせになっていることをまず理解しなければならない。

市場を見通すのはむずかしい。なぜなら「存在していない」から

そもそも「成功率はどのくらいあるのか？」という問いに答えるだけのマーケットデータが揃っていないというケースも、新規事業ではめずらしくない。

ハーバード・ビジネススクールの教授であるデイビッド・A・ガービンとコンサルタントのリン・C・ルベスクが発表しているレポートに、最先端の製品や普及していない技術を扱う場合には、「市場を見通すのはむずかしい。なにしろ市場そのものが存在しないのだから……」という技術コンサルタントの言葉が紹介されていたが、往々にして新規事業とはそういうものだ。これまで誰の目にも見えていなかったものに光を当てる必要がある。

大企業のまともな稟議《りんぎ》システムを通過させ、上層部を納得させるだけの材料が揃わないというのは新規事業では当たり前であり、仮に一定の予測を立てたとしても、その信頼性は怪しいもので、予測を大きく外す例も少なくない。

ある印刷会社では、新規事業における初期の財務予測のことを「SWAG」(Scientific Wild-Ass Guess「科学的当てずっぽう」)と呼んでいるという。これも単なる冗談ではなく、新規事業におけるマーケットの見通しを立てるというのは「科学的当てずっぽう」という側面が否定できないのだ。

まずは、その現実を企業のトップが理解しておかなければならない。

それを理解せず、ただ純粋に「新規事業が必要だ」「イノベーションを起こせ」と号令をかけたところで、結局はどこかで頓挫《とんざ》してしまう。それは過去の多くの失敗例が証明している。

2 新しいことを成功させる「新しい方法」を知る

いかにして企業内で新しいことを始め、新規事業として成功させるか。これを考えるうえで、とくに「新規事業でどこまでの品質を求めるべきか」は大きな検討課題になる。

とかく大企業では「うちの看板を背負うのなら、このくらいのレベルでなければならない」「最低でも、この品質はクリアすべきだ」という発想になりやすい。

たしかに品質を維持しブランドを守ることは消費者の企業への信頼を考えるととても重要だ。

しかし、新規事業、企業内ベンチャーを立ち上げていく過程で「高いレベルに到達するまで実験、研究、検証を繰り返そう」なんてことをやっていたら、いつまでたっても市場に出せないし、開発スピードという意味でも効率が悪い。

むしろ、「こういうものができた」「こんなやり方やサービスはどうだろう」というある程度の形が決まったら、どんどん市場に投入して、そのフィードバックを受けながら開発を続けるほうが効率的だ。

まさにトライ&エラーの発想で、エラーを前提にしたトライを繰り返すことで、製品やサービスの質を高め、マーケットのニーズと徐々にすり合わせていく。

そんな、ある意味乱暴で、冒険的なやり方が新規事業には求められるのだ。

しかし、理屈としてはわかっていても、実際に組織の中でそれを実践しようとすると、「大企業の品質・ブランド」が大きく立ちはだかる。それが大企業の宿命だ。

だからこそ、「新規事業を立ち上げるとは、こういうことなのだ」というたしかな理解と信念をもったリーダー（できれば経営幹部）の存在が不可欠だ。

リーダーが強い権限と決断をもって事業を守っていくことで初めて大企業でのアントレプレナーシップは機能する。野心的なビジネスエリートやエグゼクティブ層が「企業内のテクノロジー・マネジメント」や「企業内アントレプレナーシップ」の要諦《ようてい》を学ぶ最大の価値はそこにある。

新しいことをするには「5年」の我慢が必要

新規事業は時間、タイムラインについても、既存事業とはまったく異なる判断軸が必要となることを忘れてはならない。

はっきり言って、新規事業というのは組織のなかの「お荷物部署」になる可能性が高い。「いつになったら利益を生み始めるんだ!」というプレッシャーを受けながら仕事をするのは、ある種の宿命だ。

しかし、事業を立ち上げてから実際に利益を生むまでのタイムラインを、既存事業のそれと単純比較するのはまるで意味がない。

この側面でも、やはり幹部のコミットメントが欠かせない。「従来の事業とはまったく異なるタイムラインを設けなければ、新規事業は育たない」ということを経営者や幹部がしっかり理解し、本気で事業を守らなければ、間違いなく新規事業は組織のなかで駆逐されてしまうだろう。

タイムラインの話で言うと、(事業内容にもよるが)新規事業が1年で結果・利益を出すというのは現実的ではない。通常でも3年程度、日本の場合は5年ほどを覚悟しなければ、本当の意味で企業内ベンチャーを育てることはできないだろう。

EMBAのクラスには、改革の真っ最中のIBMに在籍していた人がいて、「イノベーションチームだけは評価の指標をまるっきり変えていた」と語っていた。通常は3か月、6か月というタイムラインで評価するところを、イノベーションチームは「3年計画の1年目としては、どのくらいの進捗が必要なのか」という長期的な評価指標が設定されていたという。

このような通常とは異なる指標を検討し設定することも、新規事業を支えていくためには不可欠だ。

「まっとうな判断」が新たな仕事を苦しめる

タイムラインとまったく同じことがお金についても言える。

ただし、お金には「予算」と「利益」という二つの側面があることを忘れてはいけない。

まず予算については、新規事業が失敗する大きな要因の一つに、「徐々に予算を減らされる」という避けがたい現実が挙げられる。

構造的に、企業の予算制度というのは安定した既存事業に有利に働くようになっている。確実なところにお金を回し、うまくいくかどうかもわからない新規事業に（優先的に）資金が投入されることなどまずない。まず、そこに一つの壁がある。

さらに、会社全体の利益や株価にかげりが出てくると、今度はコストカット、人員削減という話になってくるのだが、真っ先にその標的にされるのが利益を生んでいない新規事業だ。

ある意味では、じつに妥当な経営判断だが、それでは新規事業が育たないのは当然の帰結。長期的に見れば、企業の成長も望めず、じわじわと行き詰まっていくことは目に見えている。

やはりここでも、「新規事業に即した、妥当なタイムライン」を設定したら、その期間に関してはしっかりとした予算が確保されるようなしくみ、あるいはリーダーシップが不可欠だ。場合によっては、株主たちを納得させる優れたプレゼン能力も必要になってくるだろう。

すでにあるものを「あえて」使わない

大企業で新規事業をする際、「手持ちの販売チャネルや人事などの既存のシステムを活用すれば、一からスタートするよりはるかに有利だ」という議論がなされることがある。

ここにも大きなトラップ（罠）がある。

既存製品と新規製品は販売チャネルも、制作や販売のプロセスも、まったく異なる場合がほとんどだ。だが、既存のしくみをそのまま利用して、その結果、「こんなに強い売り方があるのに実績が伸びないとは、見込みがないということだ」と判断されてしまうことがある。

このポイントを理解し、新しい戦略（生かすべきものは生かし、ゼロから立ち上げるべきことはゼロから始める）を打ち出さなければ、悲惨な結果が待ち構えている。

儲けを「度外視」しなくてはいけないのか？

利益についても「新規事業に見合った目標設定」が必要となる。

たとえば、「本を1冊つくったら、1万部は売らなければいけない」という既存事業の収益ラインがあったとしても、新たに本とは異なるコンテンツビジネスを立ち上げるとなった場合には、従来とは異なる評価指標が必要だ。同じ基準で考えていては、うまくいくことはない。

上司が「そのコンテンツビジネスは、どのくらいの読者が見込めるんだ?」と尋ね、開発担当者が「だいたい、月に100人程度です」と答える。「100人! それじゃあ、全然儲からないじゃないか。そんなビジネス、意味があるのか?」なんて展開になることは本当に多い。

従来と同じ指標で新規事業の価値を計ろうとすれば、当然そうなる。

そんなやりとりの末、当初は新規事業を始めるつもりだったのが、いつの間にか「既存事業のバージョン違い」くらいのところに落ち着いてしまうなんてこともよくある。

では、「儲けを度外視しろ」ということかというとそうではない。EMBAでは、どれくらいのスパンで、どんな尺度で新規事業の評価を行うべきかを具体的に学ぶ。その尺度は、事業の規模等によってさまざまなバリエーションが考えられる。

前述の元IBMの彼は「金額的な目標達成率ではなく、『どれだけ新しいものを生み出したか』を測る評価基準をつくり、イノベーションチームに適応していた」と語っていた。

もっとも、「どのようなタイムラインで、どのような指標を用いて事業の進捗を検証していくのか」には専門的な判断が必要とされる。検証システムの実際的な運用をするにはそのための専門家を呼び寄せる、あるいは社員をスペシャリストとして養成しなくてはならないのだ。

そうした必要性を含めたイノベーション事業の全体像を理解したうえでビジネスの環境を整えていくことこそが、高いレベルで活躍するビジネスエリートに求められている仕事であり、彼らはそうした意識で知識を蓄えている。

3 失敗しても叩かれても、「次のチャレンジ」を考え続ける

新規事業、企業内ベンチャーを成功させるためのもう一つの大きなカギは「人事」にある。それゆえ、ビジネスエリートは人事をどう駆使して機能するプロジェクトチームをつくるかを学ぶ。

そもそも企業内で新規事業を立ち上げていくには「どんどん自分で決断して、突っ走っていく」タイプのリーダーが必要だ。リーダーシップにはさまざまなタイプがあるが、新規事業の立ち上げでは、明確に「起業家的リーダー」が求められるのだ。

組織において上に立つ者はそうした人材をきちんと選び、部署に配置しなければいけないのだが、往々にして、ここで大きな過ちを犯してしまう。

安易に、若手の革新的な適性のある人材をリーダーに据えてしまうのだ。

あるいは、欧米でありがちなのは、社外から専門性に長けたリーダーを連れてくるというパターンだ。

「有能な若手」のリーダーではうまく回らない

プロジェクトをグイグイ引っ張っていくという意味では、たしかに若手の革新派は適任かもしれない。社外から人を連れてくる場合には、新規のマーケットに精通した人材を選出できるというメリットも大きいだろう。

しかし、ことは「企業内ベンチャー」だということを忘れてはならない。

企業内ベンチャーとしてチームを機能させていくには、組織との関係を無視することはできない。会社組織を敵に回してしまったら、結局は十分な理解やサポートが得られず、新規事業が立ちゆかなくなってしまう。

会社の幹部が「新規事業のあり方に理解を示すこと」の重要性は再三述べてきたが、それと同時に、プロジェクトチームの側も「組織に理解される存在」にならなければ、結局うまくいかないのだ。その点で、若手の革新派や社外から連れてこられたリーダーは問題となることが多い。

よって、新規事業のトップにふさわしいのは「革新派のベテラン」「社内でイノベーションに関する実績を持った実力者」と言われている。

そのリーダー本人が保守的でないことは前提条件となるが、社内の人たちから見ても「あの人がやるなら協力してもいいだろう」「あの人の言うことなら信頼できる」という評価を得ている人がトップにいることがじつはとても重要だ。

実際に、３ＭやＧＥではそのような基準でチームのリーダーを選出することで、さまざまな成功事例を積み上げている。

優秀な人ほど、ムダにチャレンジをしない

そして、もう一つ。

人事制度に関しては「新規事業にチャレンジした」というキャリアそのものをどう評価するか、ということも非常に大事なポイントとなってくる。

新規事業を立ち上げ、軌道に乗せるには、さまざまな能力が必要となることは言うまでもない。シンプルに言えば、優秀な人材が来なければ、成功なんておぼつかない。

ところが、優秀な人であればあるほど、自分のキャリアに傷がつくことを避けたがる。成功率の低い新規事業なんて、失敗したら自分のキャリアに傷がつくだけ。組織人として、そう考えるのも無理はない。しかし、その価値観や文化そのものが社内ベンチャーをむずかしくしていることは明らかだ。

そこで、組織の人事制度として必要なのは「チャレンジ」というキャリア自体を評価するしくみを構築することだ。「新規事業の部門で3年やれば、部長職に昇格させる」などのキャリアパスを与えている会社もあるし、高い報酬を保証するケースも多い。

新規事業とは、もともとが失敗する確率の高いものである。

だからこそ、「結果だけ」を評価するのではなく、「チャレンジそのもの」を評価の対象として、必要な人材を集めやすくしなければならない。極端に言えば、失敗だって評価の対象にするということだ。

日本人にできない「失敗にも価値がある」という考え方

事実、失敗から多くを学び、次の成功を導くケースは非常に多い。というより、失敗という経験値こそが（個人としても、組織としても）スキルアップには不可欠なのだ。

ＥＭＢＡで大企業の幹部や起業家たちとセッションをしていると、「こんな失敗をした」「こんなケースでは、こんなふうにうまくいかなかった」という話が次々と出てくる。

新規事業の立ち上げに失敗した話はもちろん、中国やインドへ進出した際に起こるトラブル、スタッフとの連携の不備、マーケティングのミスなど、あらゆる失敗が現在のエグゼクティブをつくりあげていると言っても過言ではない。

そんな彼らのマインドに共通しているのは「チャレンジそのものに価値がある」という認識だ。成功に価値があるのは言うまでもないが、失敗にも価値を認めることは、世界的には、ある意味大前提なのだ。

ところが、これは日本人や日本企業にとって、最も馴染みにくい発想と言えるだろう。欧米に比べれば「チャレンジそのものを評価する」「仮に失敗しても、挑戦したこと自体に価値がある」という発想が日本には決定的に不足している。

発想がないのだから、当然、しくみや制度も不十分だ。

そんな日本の国民性を非難しても仕方ないが、それだけ日本企業というのは、文化・価値観という側面でも、イノベーションやアントレプレナーシップが育ちにくいことは自覚しなければならない。

リーダーは「何があっても守り抜く」のが仕事

私（山崎）自身の例を挙げると、東芝時代に社内ベンチャーとして「東芝ダイレクトPC」という海外向けパソコンのダイレクト販売を始めたことがある。私ともう一人の二人で事業をプランし、立ち上げ、顧客管理のデータベースからコールセンターのしくみまで構築したのだが、数字が見えてくると、やはり既存のチャネルの担当者や事業部から、「われわれのビジネスを邪魔している」「商流を崩している」など多くの圧力を受けた。

だがこのときはPC事業の事業部長がコミットしてくれ、上席の方が陰になり日向になってサポートして最後まで事業を守ってくれた。結果としてこの事業は数十億円のビジネスにまで育った。当時の事業部長、そして上司にいまさらながら感謝したい。

まとめると、リーダーは新規事業は既存の事業と「別物」と考えなければならない。時間的にも、文化的にも、しくみ的にも、そして成功の指標にしてもだ。

そしてそこにはエース級人材を配置し、人事的にはチャレンジと失敗がキャリアのアドバンテージになるしくみを構築しなければならない。

そして最も重要なことは、職位の高いリーダーがコミットし、約束した期間は我慢して守り抜くことだ。これらを理解しているハイレベルの庇護《ひご》がなければ、新規事業は容易に崩れ去ってしまうものだ。

4 「上」ではなく、「横」にある答えを探す

企業にとって新規事業を育てることは重要だが、当然ながらどんな企業、どんな業界にも同じレベルでその必要性があるわけではない。「革新的なビジネスモデルを必要としている企業」と「それほど差し迫った状況にはない企業」がある。

「その違いをどのように見極め、判断するか」も、ビジネスエリートにとって大事な学びの一つだ。それゆえ彼らは「どのような状況になったら、革新的なビジネスモデルが必要か」という見極めのポイントについても具体的に学んでいる。

「複雑」になりすぎていたら、終焉のサイン

まず大きな指標となるのは「商品そのものが複雑になりすぎてはいないか?」という視

点だ。

大企業では、商品が複雑になりすぎた結果、コストがかさみ、多くの顧客が問題を抱えてしまうというケースがよくある。

テレビが一つの代表例だろう。

一時期、多くの日本の家電メーカーは非常に優れた薄型テレビを次々と発売していった。薄さ、画像の鮮明さ、発色の良さ、録画機能、パソコンとの連動性など、さまざまな機能を搭載させ、もはやテレビが録画機やパソコンの役割を担うほどの高機能商品となった。

その技術はすばらしいし、たしかに性能は向上した。

しかし、それで多くの顧客の満足度が上がったかといえば、決してそうではない。販売価格が何十万もするのが当たり前となり、おまけに操作もむずかしくなったため、むしろ顧客のニーズと乖離《かいり》していった感すらある。

まさしく、複雑になりすぎたのだ。

テレビのような一般的な家電製品においては、複雑になりすぎたり、価格が高騰《こうとう》してくると、市場における勝者になるのは決定的にむずかしくなる。

理由はシンプルで、「破壊的イノベーター」が出現してくるからだ。

破壊的イノベーターとは、従来とは違った尺度でズバ抜けた商品（低品質だが圧倒的な低価格など）を開発し、「これまでのマーケットのあり方を一変させてしまう存在」のことだ。

高価格、高機能のテレビが盛んに提供されていたマーケットに、わずか数万円で「視聴するには遜色ないテレビ」が登場すれば、シェアが一変するのは目に見えている。多くの消費者は、テレビにそれほど多くの役割や高い性能を求めてはいないからだ。

高価格・高機能の日本製テレビをあざ笑うかのように、安価な韓国製や中国製のテレビが飛ぶように売れていったケースは記憶に新しいだろう。日本国内に限らず、世界のマーケットを見れば、その傾向はさらに顕著だ。その結果、テレビ製造から撤退する日本企業の動きも見られるなど、日本の家電メーカーは完全に敗北を喫してしまった。

このように商品やサービスが複雑になりすぎたり、コストがかかりすぎる状況になってきたら、「その商品やサービスの見通しは暗い」ということをいち早く認識しなければならない。そんなとき、さらなる高機能（という名の複雑性）を追求したり、自社商品の優位性をＰＲすることだけに躍起になっていたら、マーケットからは完全に取り残される。

紛《まぎ》れもなく、革新的なビジネスモデルが必要とされている状況だ。

ビジネスの「潮目」は一瞬で変わる

革新的な技術の登場によって、業界のあり方がまるっきり変わってしまうというケースもある。

携帯音楽プレーヤーは、その変遷《へんせん》が最もわかりやすい例の一つだろう。カセットテープからCDになり、一時期はMDも盛んに売られていたが、それがMP3プレーヤーに取って代わられた。

このようにマーケットを一新してしまうような新しい技術が登場したら、企業としては方向転換せざるを得ないし、新技術のパイオニアになれば、一気にマーケットの覇者になれる。

ガソリンで動くのが当たり前だった自動車が電気や水素の力で動くようになれば、当然、自動車メーカーには新しい技術やサービスが必要になる。さまざまなデータをパソコン内に保存しておく時代から、クラウド上のサーバー管理が主流になれば、それに応じた技術革新やビジネスモデルが必要となる。

どんな業界でも、一つの技術革新が起これば、それに応じて次々と技術革新が求められるようになるのだ。

ＥＭＢＡのクラスに来ていたビジネスエリートも、誰もが目の色を変えて新技術に取り組んでいた。

ウェアラブル端末が話題になりかけていたころ（10年以上前だ）に、エクササイズの結果などを自動的にデバイスに反映させる技術を開発していたプロダクトマネジャーがいたが、いまや着実に市場を確保している。

あるいは、テスラモーターズの極東支配人を務めていたＫ（ｅＢａｙ出身なので、イーロン・マスクとも懇意なようだった）も「電気自動車って何？」というような時代からバッテリー式電気自動車などにチャレンジしており、いまや大成功を収めつつある。

彼などは、日ごろの判断スピードが速く、授業でも教授にアグレッシブにチャレンジして知恵をもぎとっていた。一方では、あまり利益にならないような人間関係などはすっぱり見切るようなところもあったが、こういった姿勢はある種の「優秀すぎる」ビジネスエリートの一類型でもある。

そこに居続けるのは「本当に」正しいのか？

業界内で革新的な新技術が登場し、マーケットが一変する。

これは企業にとって一大事だ。いち早く、自社でも新しい技術やサービスを開発し、対抗しなければならないだろう。

携帯音楽プレーヤーという市場において、ソニーがウォークマンでマーケットを支配すれば、アップルがｉＰｏｄでやり返すというのは、非常にわかりやすい構図だ。

ただし、ここで視野が狭くなりすぎてもいけない。

既存のマーケットで技術革新が起これば、多くの人が「同じフィールドで、さらに上をいく技術を開発しよう」と思うだろうが、それが唯一無二の方法ではない。

たとえば富士フイルムのように、従来の市場を捨て、まったく別のフィールドで勝負に出るという方法もあることを忘れてはいけない。

そもそも富士フイルムといえば、写真用フィルムのトップメーカーだ。使い捨てカメラ「写ルンです」の爆発的ヒットによってカメラのあり方を激変させた業界のイノベーターであり、人とカメラの関係を近づけた功労者と言ってもいい。

ところが、そんな業界の雄も、デジタルカメラの登場によって一気に窮地に追い込まれた。さらに、カメラそのものが携帯電話に搭載されるようになると、フィルムを使う場面は皆無に等しくなり、マーケットそのものが消滅してしまった。

富士フイルムにとって、これほどの逆風はないだろう。

そんな逆風のさなか、もし彼らが「同一業界で勝負する」という発想にとらわれていたら、当然のように「デジタルカメラ」を主戦場に闘いを続けていただろう。

その未来にどのような結末が待っていたのかは誰にもわからない。

「カネの流れない場所」でビジネスはできない

しかし、実際に彼らが目をつけたのは、カメラ・写真とはまったく異なる「化粧品やヘルスケア」の分野だった。同じフィールドで〝上〟を見続けるのをやめて、ふっと〝横〟に目を転じたというかたちだ。

もともと、カメラで撮影したものをフィルムに焼き付け、それを写真として印画紙に写し、定着させるというのは、非常に高度な技術を要する。彼らがユニークだったのは「商品やサービス」「業界」にとらわれるのではなく、自分たちが持っている技術そのものに着目し、「すでにある技術を生かすにはどうしたらいいか」という問いを、自分たちに投げかけた点だ。

世間一般から見れば「写真用フィルムから化粧品へ」というのは、あまりに無茶な方向転換のように感じられるかもしれないが、「持ち前の技術を生かす」という視点で考えれば、じつに理にかなった発想の切り替えだったのだろう。

富士フイルムのように「業界に技術革新が起こり、マーケットが一変する（あるいは消滅する）」という危機に陥ったときは、間違いなく、自社でも技術革新が必要な瞬間だ。なんとかして、ライバルに対抗しなければならないと誰もが思うだろう。

ただし、そんな切羽詰まった状況のときこそ、「本当にこの業界で勝負するのが適切なのか」と再検証し、「自社の技術を生かして、他の業界で勝負することはできないか」という柔軟な発想を持つことも必要なのだ。

私（山崎）自身、ベンチャー事業を立ち上げて失敗した経験があるが、この見極めを間違ったからだった。Ｊａｖａを使った携帯のアプリを開発し、まだ競合の少なかったゲーム事業にチャレンジしたのだが、高給のＪａｖａエンジニアを抱えて多額の開発費を投じていくのに見合うだけのマーケットができあがっていなかった。
事業をやるに際して「いま、このマーケットに十分なカネが流れているのか（流れてくるのか）」という視点は極めて重要である。

これまで存在しなかった「答え」を出す

顧客のニーズや課題に対して、まったく異なるアプローチによって「従来にはなかった解決策（ソリューション）を提供するプレーヤー」が業界内に現れたときも、間違いなく、何らかの変革が必要な瞬間だろう。

たとえば、国内でも飛行機移動が盛んなアメリカでは、2時間以内で読める本が空港でけっこう売れる。空港で気軽に買って、機内で読んで、それで終わり。そんな読書スタイルが定着している。当然、空港の書店では、そのくらいの長さの本（それも安価な本）がたくさん並んでいる。

しかし、このマーケットに新しいソリューションを提供するプレーヤーが登場する。キンドルだ。紙の本と違って物理的に本を持ち運ぶ必要がないので何冊でも携帯できるし、

「移動中に読む本がない」ということになれば、空港でも書店に立ち止まらず歩きながらダウンロードして、機内で読むこともできる。おまけに、書店で売っているよりも、はるかに多い種類の中からお気に入りの一冊を選ぶことができる。

このように、まったく新しいアプローチによって、顧客にソリューションを提供する存在が現れたときは、完全に変革や技術革新が必要な状況と言える。

空港のみならず、国土の広いアメリカでは、書店までの距離がものすごく遠かったり、せっかく買いに行ってもほしい本が見つからないこともめずらしくない。加えて、アマゾンで本を買おうとしても、日本のように送料無料なんてことはないから、けっこうな送料を加算して払わなければいけない。

そんな消費者に対して「すぐに読める」「安く読める」という利点を持った電子書籍は、まったく新しいかたちのソリューションを提供したと言える。

「どう違いを生むか」を徹底的に掘り下げる

最後にもう一つ、「商品やサービスがコモディティ化（どれを買っても大差ない状態）している」状況も、早急な技術革新が必要とされるシチュエーションだ。

携帯電話であれ、テレビであれ、パソコンであれ、どんな商品、サービスにおいても「新しさ」があるうちは差別化が利くが、後発商品がある程度出揃い、マーケットが成熟してくると、どうしたって「コモディティ化」が襲ってくる。

このような状況になると、熾烈《しれつ》な価格競争に陥《おちい》りやすく、企業はどんどん苦しくなっていく。

ユニリーバでコントローラー（日本の経理・財務部長に相当）を務めていた人がEMBAのクラスにいたが、彼はライバルのP&Gの新商品の販売戦略に対して、自社の対抗製品にいくらまで予算を投下できるかを年がら年中検討していた。

化粧品業界はコモディティ化した過当競争のマーケットで、投下するカネの総額や販売チャネルの取り合いで勝負が決まるような面があり、「毎日、シビアなカネ勘定ばかりで消耗する」と愚痴《ぐち》っていたものだ。

お菓子、清涼飲料市場、洗濯機、洗剤、宅配便など、あらゆる業界においてコモディティ化は進むので、いかにして「違い」を生み出し、消費者から「選ばれる存在」になるかというのは、多くの企業における切迫した課題である。

イノベーションと呼べるかどうかは別にしても、「デザイン家電」のようにデザイン性に特化したり、「脂肪の吸収を抑えるお茶」というように美容や健康を打ち出すというのも、一つの方法と言える。しかし、それもすぐさま追随され、コモディティ化してしまう。

だからこそ、企業の舵取《かじと》りを担うビジネスエリートとしては、つねにイノベーションの方法を学びながら、いかにしてライバルが真似できない技術革新をするか、そして適切なビジネスモデルをつくるかを模索し続けなくてはならないのだ。

第4章

「勝つ方法」のすべてを頭に叩き込む

マーケットの勝者になる技術

1 「何で勝つか」より、「どう勝つか」を考える

ケロッグのＥＭＢＡを卒業したある日本の経営者に、ＥＭＢＡで最も熱心に学んだことは何かと尋ねたところ、やはり「イノベーション」という答えが返ってきた。

彼は父親が設立したＩＴ事業を引き継ぎ、いまはＩＴだけでなく人材ビジネスで会社を経営しているのだが、当初はイノベーションは自身の業界にそれほど関係はないと考えていたようだ。テクノロジーの面でイノベーションの余地があるように思えなかったからだ。

だがイノベーションについて学ぶうちに、重要なのはテクノロジーではなく、ビジネスモデルのイノベーションであり、経営そのもののイノベーションだということがわかってきたという。彼はイノベーションについて突きつめて学び、試行錯誤した結果、もともと日本で展開していたＩＴ事業とはまったく異なるビジネスモデルで、いまやインドネシア

で人材ビジネスを展開するに至っている。

世の中では、イノベーションについて学ぶというと、「テクノロジーの飛躍的な進化をどう起こすか」を学ぶものと考える人が多いようだ。だが、世界で活躍するビジネスエリートが実際に学んでいるのは、「どうしたらイノベーションをビジネスにつなげられるか」だ。これはEMBAでは「テクノロジー・マネジメント」という授業にあたる。

世界的に有名なある投資家も「歴史的に、ビジネスモデルではなくテクノロジーに頼ったビジネスは失敗している」と言っている。「何で成功するか」ではなく、むしろ「どう成功するか」と考えるべきなのだ。

とくにデジタル時代のいま、テクノロジー自体は容易にコピーできる。では、コピーすることがむずかしいものは何か？　それは人と組織だ。具体的には、カルチャー、プロセス、ノウハウ、そして顧客とその心に抱かれたブランドなどである。

「誰と組むか」で勝負がすべてひっくり返る

1992年、ヒューレット・パッカードがキティホークという名の小型のハードディスクをつくったことがある。高性能で、技術的にはすばらしかったのだが、結局これは一部のミニノートパソコンに搭載されただけで、あまり売れずに終わってしまった。当時の技術を考えれば、十分に技術革新、イノベーションと呼べる代物だったのだが、話題になることすらほとんどなかった。

しかしその後、東芝が似たような技術を使って小さなハードディスクをつくり、これが爆発的に売れた。

いったい、それはなぜだろうか。タネを明かせば、その差は単純。東芝の小さなハードディスクはｉＰｏｄに搭載されたのだ。

この単純な事例は、「技術の質」ではなく「誰と組むか」がビジネスを大きく左右してしまうことを教えてくれる。いかにすぐれたテクノロジーでも、組む相手が見つからなかったり、相手を間違ってしまうと、ビジネス化に至らず、日の目を見ないまま終わってしまう。

大きな相手ではなく「1番ピン」を攻略する

キンドルのペーパーホワイトに採用されている「Ｅインク」という技術についても同じ

ことが言えるだろう。

Eインクのカラクリをごく簡単に説明すると、白と黒のオセロのようなドットがあって、それがコロコロとひっくり返って、文字や絵を表示するというしくみだ。通常の液晶パネルのように強い電気で映し出さなくても、表示された文字や絵がそのまま残るので、消費電力が極端に少なくて済むというのが大きな特徴である。

しかし、このEインクも、液晶パネルの業界ではまったく見向きもされなかった。鮮明でカラフルな液晶パネルが次々と開発されるなか、「白黒で、なんとなく薄暗い」パネルが必要とされるはずなどなかったのだ。

普通に考えれば、Eインクも世間に溢れる「日の目を見ないテクノロジー」と同じ運命を辿るはずだった。

しかし、必死に組む相手を探した果てに、アマゾンという組織にアクセスし、キンドルという相手を見つけた。そして、ペーパーホワイトという、軽くて、薄くて、充電する回数が極端に少ない商品にEインクの特性がフィットした。

その後の展開は多くの人が知る通り。

もし、Eインクを開発した会社が「パソコン用の液晶パネル」という狭い領域でビジネス化することにこだわっていたら、今日の成功はなかっただろう。

一つのテクノロジーをビジネス化するには、商品やサービスの個性、強みを理解したうえで、より幅広く、柔軟な発想で「どのように活用できるのか」を考え、適切な相手と組むことが必要となる。

その「適切な相手」というのも、ただ大きな相手であればいいわけではない。欧米ではよく、「ボウリングの1番ピンを倒せ」と言われるが、ただ、大きな相手を選べばよいのではない。組むことによって業界全体に波及するような相手を選ばなくてはいけない。

こちらの製品の採用に意欲的で、強いメッセージ性を持った有力企業、というのが一つの指標だが、やはりケースバイケースで狙うべき相手は異なる。どういった場面ではどういったポジションやカラーの相手を狙うかということについて、ＥＭＢＡの「テクノロジー・マネジメント」の授業においても、大きな関心事として議論があった。

もし、あなたの会社のテクノロジーがうまくビジネス化されていないとしたら、それはテクノロジーの問題ではなく、組む相手を間違っているのが理由かもしれない。そんな視点で再検証することも必要だろう。

「誰と組むか」ということ自体をビジネスモデルと言ってしまうのはやや語弊があるが、「テクノロジーをビジネス化し、マーケットの勝者になる」という意味において「誰と組むか」は非常に大事な要素であることは間違いない。

「なんとなくすごい」ように見せる

ところで、インテルと言えば、言わずと知れたパソコンのCPUのトップメーカー。「インテルのCPUはすごい」と思っている人は多いだろう。

しかし、そのうちどれくらいの人が他社との技術的な比較をしたことがあるだろうか。おそらくほんの一握りではないだろうか。

たしかに、インテルのCPUは技術的に優れているのかもしれない。

しかし現実には、ほとんどの人が、きちんと検証することもなく、ただなんとなく「インテルのCPUはすごい」と思い込んでいる。

ビジネス的にはここがむしろ注目ポイントだ。

「テクノロジーが本当に優れていること」以上に、「検証もしていないのに、多くの人が優れていると思い込んでいること」にじつはインテルの凄みがある。

この戦略こそが卓越したビジネスモデルであり、「テクノロジーよりビジネスモデルが大事である」ということを証明している事例でもある。

ウィン－ウィンで「勝ちゲーム」をつくる

一時期、パソコンのテレビCMを見ていると、必ず最後に「テテテテン」というお馴染みの音楽が流れ、「intel inside」（インテル入ってる）という表示が現れた。記憶している人も多いだろう。

また、インテルのCPUが搭載されているパソコンには「intel inside」の小さなステッカーが貼られ、あたかも高品質を保証しているかのような印象を与えていた。

もちろんこれはインテルのブランディング戦略で、各パソコンメーカーがCMに「intel inside」のサインを挿入すると、インテルからいくらかのお金が返金されるというシステムになっていた。もともとインテルのCPUは高価なので、インテルにしてみれば、多少のお金を返したところで痛くもかゆくもない。絶大な効果を生み出す宣伝費と考えれば、むしろ安いものだっただろう。

一方のパソコンメーカーは、もともとパソコンは利益の薄い商品なので、少しでも利幅を確保するために、インテルの提案に乗ってくる。

このウィン－ウィンの関係によって、あの「intel inside」のブランディング・キャンペーンが大々的に広がっていったのだ。

いまでこそ当たり前の話だが、冷静になって考えてみてほしい。小さな部品をつくっている企業が、本体のパソコンメーカーを凌駕《りょうが》するようなブランディング戦略をしかけたのだ。まさに前代未聞のケースだろう。

しかし、その発想とビジネスモデルこそがインテルのすばらしいところだ。「intel inside」の広告が広く浸透してくると、今度は消費者の側が「このパソコンって、インテル入ってるよね？」「CPUがインテルじゃないって、それって大丈夫なの？」と言い出すようになる。「インテル＝高品質」「インテル以外は心配だ」という顧客心理を育てることに成功したのだ。

こうなったらインテルの思惑通り。完全なる勝ちゲームだ。今度は、メーカー側が「インテルのCPUを入れなければ売れない」「ユーザーの信頼を得られない」と（勝手に）考えるようになり、積極的に「intel inside」を消費者にアピールしていく。

インテルのブランド力と売上げが、同時に、それも倍々ゲームでアップしていく構造だ。そうやって、インテルは単なる部品メーカーでありながら、マーケットを支配するほどのブランド力を持ち得たのだ。

もちろんインテルがこの先も業績好調であり続ける保証はないし、2015年現在で見ると、CPU事業は衰退し始め、売上高も横ばいだ。

しかし、パソコンが爆発的に普及したインターネットの黎明期《れいめいき》に、インテルが「テクノロジー」だけでなく、卓越したビジネスモデルによってマーケットの覇者となったことは間違いない。

2 「唯一無二の存在」になる方法を見つける

欧米のビジネスエリートや企業家が、アイデアやテクノロジーをビジネス化するにあたってとくに重視して研究を重ねている概念として「CVP」（カスタマー・バリュー・プロポジション）というものがある。

直訳すると「顧客に対する価値の提案」ということだが、もう少し高いレベルの話をすれば、「課題を解決してくれる代替手段のない方法」ということになるだろう。

そもそも顧客は、つねに課題を持っている。

一つ例を挙げてみよう。たとえば「職場でいつでも温かいコーヒーが飲みたい」という課題を持っているケース。

この場合、職場にコーヒーの自動販売機を置く、コーヒーメーカーを置く、冷めにくい魔法瓶にコーヒーを入れて持ってくる、宅配業者がつねに新しいコーヒーを持ってきてくれるなど、ぱっと思いつくだけでもいくつかの解決策が考えられる。

それぞれの業者は、この「価値の提案」を顧客にして、受け入れられれば購入につながるというわけだ。

そして、この「価値の提案」のなかで、最も強力なのが「代替手段のない方法」である。

家の近くに書店のない人が「ほしい本がある」という課題を抱えた場合、アマゾンは代替手段のない方法かもしれない。あるいは、「アルバム全部はいらないけれど、一曲だけすぐに買いたい」という課題を持っている人にとって、iTunesストアは代替手段のない方法となり得る。

このように、顧客の課題に対して「代替手段のない方法」を提供できるということは、それだけでマーケットの勝者へと大きく近づくことになる。

EMBAのクラスに、マイクロソフトでモバイルOSの開発に携わっているトルコ系のアメリカ人がいて、きれいな奥さんと子どもの写真を、発売前のウィンドウズフォンに入れていて見せてくれたことがあった。OSのできがよく、操作性のわかりやすさも画面の美しさも非常に魅力的に見えた。これはｉＰｈｏｎｅをひっくり返すのではとすら思えたものだ。

ところが結果はご存じのとおり。後付けになるが、ｉＰｈｏｎｅやアンドロイドをひっくり返せるような「代替手段のない方法」を提供できなかったということだろう。

「年に1冊しか売れない本」で儲ける

「代替手段のない方法」という意味では、アマゾンはじつにかゆいところに手が届くビジネスを展開している。「家の近くに書店のない人に本を届ける」というのもその一つだが、「他の書店では手に入りにくい商品を売っている」というのもアマゾンの強みの一つ。

年に1冊しか売れないアイテムでも、そういうアイテムが大量にあればビジネスになるし、「ここでしか買えない」という状況は強烈なカスタマー・バリュー・プロポジションになる。そこにアマゾンは目をつけ、顧客に価値を提案しているのだ。

アマゾンはコストのかからない砂漠の真ん中に巨大な倉庫をつくり、配送システムを効率化し、世界中の「小さなニーズ」「ちょっとした課題」を徹底的に集めまくったのだ。

「年に1冊しか売れない本」というのは、はっきり言って商品としての価値があるとは言えない。しかし、それを集めればビジネスになる。そのことに彼らは気づき、採算ラインを超える流通システムをつくりあげてしまった。

これも一つのビジネスモデルのイノベーションだ。

「ニッチ」で生きる道を探す

そのほか、ものすごくニッチな分野で生きる道を見つけるパターンもある。

これはEMBAで授業を持っていた教授自身がやっていたビジネスだが、その教授が経営する会社では巨大なスプレーで、ものすごく大きなものを塗装する技術を開発したという。インクジェットプリンターの巨大版と思ってもらえば近いだろう。

しかし、そんなものを開発したところで「どこにニーズがあるのだろう」と思うところだが、蓋《ふた》を開けてみると、いちばんのお得意さんはアメリカ陸軍だった。戦車をはじめとする軍用車を「砂漠対応の迷彩カラーに塗装する」という仕事が舞い込んできた。

大型車両にきちんと塗装しようとすると、膨大な時間とカネがかかるのだが、その会社の技術を使うと、大型マシーンで瞬《また》く間に迷彩車を完成させてしまう。

まさにニッチなマーケットだが、アメリカ陸軍にしてみれば「コストと時間」という意味で「代替手段のない方法」になったのだ。

「決定的な差」をつける4つのポイント

では、どうすればより強力な価値を顧客に提案できるのか。このノウハウについて、EMBAでは徹底的に叩き込まれる。

最も大事な視点は、「お金」「アクセス」「スキル」「時間」の四つだ。

このうちの一つ（あるいは、いくつか）において、ライバルに決定的な差をつけることができれば、それは紛れもなく「代替手段のない方法」となり得る。順番に考えてみよう。

1．お金——「安い」という強力な武器

まずは「お金」。これは文字通り、かかる費用と価格のことだ。

破壊的イノベーターについては先に触れたが、自身がその存在になれば、マーケットを一変させることができる。

たとえばスマホ市場。ＩＤＣによると、２０１５年の第２四半期における世界のスマホ出荷台数は、サムスンが１位、アップルが２位、ファーウェイとシャオミがそれぞれ３位と４位についた。少し前まではサムスンが盤石《ばんじゃく》の地位を固めていたが、いまや低価格を売りにする中国ベンダー（ファーウェイ、シャオミ）が猛追しており、日本ベンダーは見る影もない。

単なる価格競争になってしまうことを企業は歓迎しないだろうが、「コストダウンによって消費者にアピールする」というのは、やはり外せない要素の一つと言えるだろう。

2.アクセス――「いちばん手に入りやすいもの」が買われる

次の「アクセス」というのは、端的に言えば「手に入りやすさ」のことだ。

キンドルにしろ、ｉＴｕｎｅｓにしろ、家にいながらにしてほしい商品が簡単にダウンロードで手に入るというのは大きな価値の提案となる。「ほしい」と思った瞬間に「手に入る」というのは、顧客にとっては大きな魅力だ。

とくにコモディティ化が進んでいるマーケットではこの「手に入りやすさ」が購買の決定的な決め手になることはめずらしくない。ポテトチップスを買い求める人にとって、カルビーかコイケヤか、というのはそこまで重要なことではない。むしろ「買いに行った店にあるかどうか」というほうがはるかに重要な購買理由となる。

3．スキル――「誰も持っていない技術」を磨く

次の「スキル」というのは、商品やサービスの技術面が圧倒的に優れているということだ。たとえば、金属を研磨する技術が圧倒的に優れていれば、日本の小さな町工場にでも世界中から注文が入る。

自社の技術が他社に比べて圧倒的に優れているなら、そこを打ち出して顧客に価値を提案すべきだろう。

それともう一つ、「スキル」という項目のなかには、「本来は専門家に頼まなければならないような専門技術を代替できる」という側面も含まれる。

代表的なのは、会計ソフトのようなものだ。本来は会計士や税理士に頼まなければ成り立たない企業会計、給与計算などの仕事を、会計ソフトを買うことで誰もが簡単にできるようになってしまう。

具体的にはアドビの生き残り戦略が、「スキル」の成功例として参考になるのではない

だろうか。

フォトショップ、イラストレーター、インデザイン、ドリームウィーバーなど、パソコンで画像処理をするためのさまざまなソフトウェアを製作・販売しているアドビシステムズは、独自の道を進み、業界のトップを走り続けている会社だ。

もともとは、スティーブ・ジョブズが「美しいフォントの文字を、きれいに印刷することができない」と悩んでいたところに、アドビが「ポストスクリプト」というソフトを開発し、アップルがライセンス契約をすることで成長してきたという経緯がある。

その後、アドビはさまざまなソフトウェアを開発していくのだが、他の追随を許さないクオリティの高さによって「印刷やクリエイティブの領域で仕事をするなら、アドビ」という印象を多くのユーザー（とくにプロたち）に印象づけた。

アドビの商品を使うことは、クリエイターのプロたちにとって「代替手段のない方法」となったのだ。

いまや、その業界で仕事をするならアドビのアプリケーションを使えることは絶対条件だろうし、仕事に必要なソフトの新バージョンが出れば必然的にアップグレードしなければならないという安定収益を得るビジネスモデルも秀逸だ。

近年は、月々の定額料を払えば、自由にソフトのアップグレードができる、いわゆるサブスクリプションモデルも採用していて、巧みにユーザーの囲い込みをしている。

このように、代替できないスキルを出発点にして、高いブランド力と安定成長できるビジネスモデルを構築することでアドビは成長を続けており、2015年現在も、売上げ目標を上回る業績を叩き出している。

4. 時間――「速さ」はそれだけで価値になる

最後の「時間」というのはつまり、「人の時間を短縮できる」ということだ。

東京‐大阪間が5時間かかっていた時代に、2時間半で移動できる方法を開発すれば、圧倒的な価値となる。

あるいは、「この書類をいますぐ届けてほしい」というニーズに応えるバイク便は、技術的には何ら特筆すべきところはないが、「時間」という意味で決定的な価値を提供し続けている。

「速い」というのは、それそのものが価値なのだ。

裏を返せば、「多くの人が、時間がかかって困っている」というところに、イノベーションのカギが隠れていることは多い。

このように、「お金」「アクセス」「スキル」「時間」という視点で、マーケットと自らの商品やサービスを再検証してみると、カスタマー・バリュー・プロポジションが見えてくる。

もっとも、この四つだけがカスタマー・バリュー・プロポジションのすべてだと考える必要はない。

ＥＭＢＡの先輩で、横浜でホテルの支配人をされている人がいるのだが、彼いわく、いまやホテルのカスタマー・バリュー・プロポジションは「文化」だと言っていた。

タイでホテルリゾートを展開しているバンヤンツリーのプランニングをしている女性もクラスにいたが、彼女もやはり、「文化」による差別化は意識しており、地元のアーティストの絵画をホテル内に展示するなどの工夫を必ずすると話していた。

「文化」は事実、代替の利かないバリューを打ち出しやすい。ホテルの支配人の先輩が言うには、これはホテルだけでなく、いま、各国の政府が競っているところで、なかでもシンガポール政府は、巨額の資金を投じて最新の美術館などを続々と建設している。

日本では瀬戸内海の直島がこの文化面のアドバンテージが大きく、世界のリゾート業界から熱い注目が集まっているという。

自社のビジネスがどんなカスタマー・バリュー・プロポジションを持っているのか、どの要素でライバルに勝ち得るのか、一歩引いた視点から改めて眺めてみることで、日々取り組んでいる仕事においても新しい課題が見えてくるはずだ。

3 先行するのか、後からまくるのか、「自分の仕事」を見つめ直す

前項のアドビのようなケースを紹介すると、「業界で他の追随を許さない技術革新をして、そのブランドを育てていくことが大事」という発想に多くの人がなるだろう。たしかに、それも事実である。

ただし、「業界内での優位性を長期的に保てるならば……」という条件がつくことも忘れてはならない。

どんな業界においても、先駆者《パイオニア》がその後も優位性を保ち続けることはそう容易ではない。

EMBAでも「マーケットで有利なのはパイオニアか、それとも後発組か」という授業があり、さまざまな角度から検証したが、結果はパイオニアの惨敗だった。

教授によれば、「業界のパイオニアが長期的に成功する確率はせいぜい5%くらいだ

が、それが後発組となると、成功確率はぐっと上がって4割から5割くらいになる」という。

それほどまでにパイオニアは分が悪いのだ。

真似し続けるのも強力な「戦略」

パソコンのOS争いはその典型で、パイオニアだったアップルを凌《しの》いで、マイクロソフトのウィンドウズがあっさりとシェアを拡大してしまった。

「ウィンドウズなんてアップルのバッドコピーだ」と言われていた時期もあるが、世の中の多くの人がウィンドウズを使うようになってしまえば、コピーだろうが、何だろうが、結局は関係なくなる。

インターネットブラウザにしても同じことだ。

かつて人気のあった「ネットスケープナビゲーター」というブラウザを覚えている人も多いだろうし、「最初はネスケを使っていた」という人も少なくないはずだ。

ところが、そんなネスケ時代も長くは続かず、結局は「インターネットエクスプローラー」に取って代わられた。ワープロソフトにしても、かつては「一太郎」を使っていた人も、いつのまにか「Ｗｏｒｄ」を使っているのではないだろうか。

こうして考えてみると、マイクロソフトというのは「偉大なる後発者」であることがよくわかる。

かつて松下電器（現パナソニック）が「まねした電器」などといわれた時代もあったが、揶揄《やゆ》はされても、松下電器はマーケットにおいて圧倒的な勝利を収めていた。

さまざまなマーケットを検証すればするほど、「真似をする」という後発組が優位性を持っていることは明らかだ。それを熟知しているマイクロソフトが次々と成功を収めているのは当然の帰結なのだ。

「２割」のシェアを取りにいく

では、どのマーケットでもパイオニアは生き残っていけないのか。

決してそんなことはない。

アドビの事例が参考になるように、パイオニアにも有利なフィールドがあることはある。その一つがニッチなマーケットだ。

いかにアドビが有名企業だといっても、自前のパソコンにフォトショップやイラストレーターが入っている人は少数派だろう。つまり、アドビはニッチなマーケットの覇者であり、マーケットがニッチだからこそ、覇者でいられるという構造でもある。

高級スピーカーメーカー「ＢＯＳＥ」にしたって、その存在を知っている人は多いだろうが、5万円も10万円もするスピーカーを買って音楽を楽しんでいる人はやはりマニアックな少数派だ。

このようにニッチなマーケットにおいては、圧倒的な技術やブランド力を武器に、パイオニアが勝ち続ける可能性が十分にある。

もし、あなたのビジネスがニッチなマーケットを対象としているならば、パイオニアとして新しい技術を開発し、業界のトップランナーとして長く走っていけるかもしれない。

これまでのケースを客観的に分析すれば、大きなマーケットで勝負する限りは、圧倒的に後発組が有利であり、ニッチなマーケットならばパイオニアにこそ勝機があるといえる（ちなみに、ニッチ市場では2割のシェア――これだけあればトップシェアになる――を境にして利益率が大きく上がることが統計的に知られている）。

こんな一つの原則を理解したうえで、自分たちの会社がどの方向へ向かうべきなのかを検証し、決断するのはリーダーの仕事だろう。だからこそビジネスエリートは過去の事例を徹底的に研究している。

パイオニアとなるべく研究開発を続けるのか、それとも、二番手戦略を採るのか。

パイオニアとなるならば、マーケットのサイズや種類の面で、本当に勝者となる可能性はあるのか。

そんな視点を持って、自らのビジネスとマーケットを見つめ直さなければいけない。

4 一気に成長できる「えげつない手法」を習得する

ＥＭＢＡでは、テクノロジーをどうビジネスにつなげるかを学ぶ際、たいてい「買収」に関してもそれなりに時間を割いて学ぶ。自社がマーケットでの優位性を保つ方法として、企業買収も大事な選択肢の一つだからだ。

そして、もう一つ。

そもそも、多くの時間と労力をかけて社内ベンチャーを育てるくらいなら、優れた技術を持っている会社を買ったほうが早い（そして、安上がり）ということも十分に考えられるからだ。

しかし世界的に見ても、企業買収というのはそうそううまくはいかないもので、成功率は５％という調査結果もあるほどだ。

資金を用意して、首尾良く買収できたとしても、買収後にかかるコストを計算に入れていなかったり、企業同士の文化がまったく違うためにかえって問題を抱え込んでしまったりというケースもめずらしくない。私（山崎）が一時期通っていたカリフォルニア工科大学のエグゼクティブ向けクラスでも、買収の際には「①買収後のコスト計算、②時間軸の見積もり、③カルチャーの影響の見積もり」が非常に重要だと教えていた。

だが、買収担当者は買収後のファイナンス上の効果にばかり目を奪われてしまい、その後のコスト計算がおろそかになってしまいがちだ。

これは投資家から短期的な数字の成果を要求されるエグゼクティブの犯しがちなトラブルである。最近ではシマンテックがベリタスを買収したのちに手放すことになったが、この手の失敗は数知れない。

また、企業が保有する特許だけを目当てに買収をしかけ、買収が成功したあかつきには、その特許だけを保有したまま、別の会社へ売り払ってしまうというケースもある。見方によっては「えげつない手法」かもしれないが、世界のビジネスではよくある話だ。

特許だけもらって叩き売る

2012年、グーグルがアメリカの通信機器会社モトローラを125億ドルで買収したというニュースが世界中を駆け巡った。

当時から専門家のあいだで指摘されていたことだが、この買収の目的は明らかにモトローラの特許にあった。グーグルも多くの特許を持っているが、じつは、そのなかでもモバイルIT分野が弱く、それを補完するのにうってつけだったのがモトローラだったというわけだ。

買収当時、モトローラが保有していた特許は世界中で約1万7000件。そのころのグーグルの特許保有数は1000件にも満たなかったから、モトローラがいかに多くの特許を保有していたかがわかる。

アンドロイドを開発し、スマートフォンビジネスに力を入れていきたいグーグルにとっては、モトローラの多くの特許がどうしても必要だった。

しかし、この買収劇には続きがある。

グーグルは買収から2年も経たないうちに、中国のパソコン大手であるレノボに、モトローラを売り払ってしまったのだ。しかも、その金額は29・1億ドル。グーグルが買収したときの金額から比べると、約100億ドルも安い。

グーグルがこんなことをした裏には、周到な戦略があった。

まず、レノボにモトローラを売却したといっても、モトローラの主要な特許はグーグルが保有したままだ。つまり、レノボがモトローラの技術を使えば使うほど、その使用料がグーグルに入ってくるというしくみだ。

おまけに、レノボは中国では主にスマートフォンメーカーとして認知されており、レノボの製品力と販売ネットワークに、モトローラの特許とブランドが加われば、スマートフォンやタブレットPCにおける市場で優位に働くことは間違いない。

中国に対して強い販売ルートを持たないグーグルにとっては、モトローラの特許とブランドを利用することによって、アンドロイドのシェア拡大の足がかりをつくれるというメリットがあるのだ。

このケースはまさに、マーケットでの優位性を高めるために「特許目当て」で買収をした典型パターンだ。

面倒なことになるなら「企業ごと」買え

あるいは、世界第2位のソフトウェア会社であるオラクルのように、業界に破壊的イノベーターが登場すると、その会社を買い取ってしまうことで対処するような会社もある。

オラクルの主力商品と言えば、データ管理システムのソフトウェアだが、この種の技術というのはすぐに広まり、ネット上に無料のソフトが出回ることも多い。

そんな存在にマーケットを脅《おびや》かされるくらいなら、一時的に資金を使っても、企業を買収し、マーケットでの自社の価値を維持したほうが長期的な利益は大きくなるという計算は、企業のトップなら当然誰でも考える。

日本ではまだ馴染みが少ないかもしれないが、欧米では、買収を専門にしているファンド・マネジャーやコンサルタントを雇うことは当たり前になっていて、片方の手にはつねに「買収」というカードが握られている。

○自社で新規事業を立ち上げるべきか、社外のベンチャーを買うべきか。
○マーケットに登場した低価格の破壊的イノベーターに対して、価格競争を挑むのか、思い切って買収してしまうのか。
○製品やサービスが他社の特許に抵触する場合、その使用料を払うのか、新技術を開発するのか、それとも買収して特許そのものを押さえてしまうのか。

これらの判断を下すには、やはり専門的な知識と経験を有し、マーケットと買収先を見極める「目利き」が不可欠である。そんな専門家を採用あるいは育成し、正確かつ多角的な情報を集め、自身のフィルターを通して合理的な判断を下していくのもリーダーの重要な仕事である。そして、その判断を一つ間違えると、企業にとっても自らのキャリアにとっても致命傷になりかねない。

だからこそビジネスエリートは絶え間なく学び続ける必要があり、幅広い意見を収集できるコネクションを持つために、つねにさまざまな場所に顔を出すなどの工夫をしている。

第5章

「世界視点」で考える

グローバルに成功できる知力をつかむ

1

世界に立ちはだかる、思いもよらない「壁」を知る

グローバルにビジネスを展開する際、どのような問題に直面し、どのように解決していけばいいのか。これも当然、野心的なビジネスエリートが意識的に学んでいるテーマだ。

フランス人のパスカルは母国でコンサルティングファームに勤めていたが、成長するアジアで成功したいと考えており、自身の成長スピードを増すためにＥＭＢＡに来たと言っていた。そして卒業後はめでたく上海支社に栄転になり、活躍していると聞く。

インドネシアの外資系銀行の投資マネジャーのケピンは、自国に乗り込んでくる欧米企業にチャンスを見出していて、彼らの手の内を知り、懐に入る方法をつかむためにＥＭＢＡに学びにきたと言っていた。

グローバルビジネスは簡単に実地の経験が積めるものでもないし、失敗したら痛手は大きい。

それゆえ、とりわけ多くの前提知識や理論、ケースを叩き込みたい分野だと言える。

ここ10年はアジアのマーケットがとりわけホットで、世界中から注目を集め続けている。とくにわれわれが通ったUCLA-NUSのEMBAは、自分で事業をいくつも経営している事業家やGE、マイクロソフト、グーグル、ユニリーバなどグローバル企業のアジア事業責任者や、またシンガポール、中国でベンチャーキャピタリストをしている人材など、さまざまな経験を持った人たちが集まるプログラムであり、アジア進出のためのネットワークをつくること自体を目的に来ている人も多かった。

言うまでもなく、国境を越えてビジネスを展開するというのは、そうたやすいものではない。まして欧米の企業がアジアマーケットに出て行くとなると、想像以上の多くの障害が立ちはだかる。

では、そもそも海外でビジネスをするには、どんな種類の問題が立ちはだかるのか。

「遠い」だけで、ビジネスは格段にむずかしくなる

EMBAでは、グローバリゼーション研究の権威パンカジュ・ゲマワットの言う「四つ

の距離」について叩き込まれる。

それは「地理的な距離」「経済的な距離」「政治的な距離」「文化的な距離」の四つだ。

地理的な距離については、ほとんど説明は不要だろう。物理的に距離があれば、それだけ輸送コストがかかり、時間のロスも大きくなる。当然ながら「大きいもの」「重いもの」「新鮮なもの」を運ぶのは困難になり、ビジネスチャンスも縮小する。

あるいは、国境が接していない国とのやりとりにおいては、輸送ルートを確保すること自体が困難だったり、その国まで到着できたとしても、相手国内の交通手段が確立していないため、余計な時間やコストがかさんでいく例も多い。「現地で商品をつくっても、それを港まで運ぶ手段がない」（あるいは、その逆）なんてケースがザラにあるのだ。

これもまた、想定しておかなければならない「物理的な距離のリスク」だ。

そこまでやって、本当に儲かるのか？

二番目の経済的な距離というのは、端的に言えば「経済レベル」「生活レベル」の差である。

これも見逃せない問題だ。

ゲマワット教授も語っているが、そもそも企業というのは海外市場の魅力を過大評価してしまうものである。広大なマーケットが手つかずの状態で広がっていると、そこに大きな魅力を感じ、未知の領域に踏み込んでいくことがどれほど困難であるかを見過ごしてしまうのだ。

たしかに、経済の発展期を過ぎた国や地域に比べれば「これから発展していく」という国や地域のマーケットは魅力的に映るだろう。少し前のアジアがまさにそうであり、未来におけるアフリカも同じように映っているのかもしれない。

しかし、消費者の所得レベルが違えば、消費行動も決定的に違ってくるということを甘く見てはいけない。たんに「モノを買うか、買わないか」というだけでなく、「ニーズのレベル」が完全に変わってしまうからだ。

簡単な例で言えば、先進国のスーパーやドラッグストアへ行けば、さまざまな種類の洗濯洗剤が並び、好きな機能、香り等を選べるだろう。しかし、発展途上の国で、そんなバリエーションや商品ラインナップは何の意味も持たない。

あるいは、家電や自動車などにおいても、求められる機能、クオリティは経済レベルによってまったく異なる。長い期間と多大なコストをかけて開発した新機能など、そもそも必要ないかもしれないのだ。

先進国同士でも、日本とヨーロッパでは求められる家電のタイプや車の種類は異なるが、経済的距離のある国では、その違いはさらに拡大する。それだけ新しい商品開発やビジネスモデルの構築が必要になるということだ。

そんな柔軟な対応をしてでも確実な利益が得られるのか。シビアに検証しなければならないポイントだろう。

しかし一方で、経済的な距離というのは、「人件費が安い」「天然資源が安い」などの圧倒的なメリットもある。

つまり、企業としては「どのリスクを背負い、どのメリットを取りに行くのか」を正確に試算し、検証しなければならない。だからこそグローバルなビジネス展開を狙うビジネスエリートは、そうした実態についてつねに情報を更新している。

とはいえ、地理的側面や経済的側面を考えるのは大前提で、彼らがより意識的に学んでいるのは、政治的、文化的な側面のほうだ。この理解なくしてその国でビジネスをするのは不可能だ。では、彼らはとくにどんなことを学んでいるのか、次項で見ていこう。

2 まともにぶつからずに成功する方法を学ぶ

それぞれの国の政治のスタイルや文化が障壁となり、グローバルなビジネス展開がうまくいかない。そんなケースはいくらでもある。優秀なビジネスエリートは、ビジネスを考えている相手の国の実態について、そんなケースのバリエーションを数多く頭に入れている。

たとえば、一時期、中国ではパソコンソフトの違法コピーは当たり前で、ユーザーが使用しているウィンドウズの90%以上が違法コピーだったなんて調査結果もあるほどだ。

さすがにこれにはマイクロソフトも頭を悩ませ、ビル・ゲイツが中国に乗り込み、政府に対応策を採るように要望した。

しかし、これに対して中国政府は、「LINUXのソフトをベースに、ウィンドウズそっくりのソフト」をつくっていたレッドフラッグという国内企業を支援するという行動に出た。マイクロソフトの要望を受け入れるどころか、逆の対応に走った恰好だ。マイクロソフトにしてみれば、文化的な問題と政治的な問題がダブルでのしかかってくることになってしまった。

まともに闘おうとするほうが間違っている

マイクロソフトが中国政府に要望を出した当時、政府関係者も揃ってウィンドウズの違法コピーを使っていたというくらいだから、のれんに腕押しとはこのことだろう。

しかし、それについて真正面から文句を言っても始まらない。良いとか悪いとかいう以前に、ベースとなる認識、文化が決定的に違うからだ。問題はそれだけに留まらず、その後中国政府はウィンドウズ２０００を不適切なソフトとまで宣言した。

マイクロソフトは長い時間をかけて根気強く政府と交渉し、最終的には合意を取りつけ、状況は改善へと向かうのだが、そのためにはソースコードの開示や、中国の大学への寄付などさまざまな活動をすることになった。

現在、中国で発売されるパソコンは出荷時に正規版のＯＳをプリインストールされる率が飛躍的に向上しているというが、それについても、安価なＯＳがプリインストールされているパソコンを購入し、海賊版のウィンドウズを再インストールするなどのケースもいまだに残っていると聞く。やはり中国の「コピー文化」は根強く残っているのだ。

とはいえ、このあたりは国民の意識、文化、風習の問題で、まともに闘ってもほぼ勝ち目はない（そもそも、戦後の日本だってそうやって立ち上がってきたともいえる）。結局は、相手の文化や事情を理解し、そのフィールドでベストな立ち回りをするしかない。

さらには、国の中でも文化や風習は違うし、企業の成熟度もさまざまだ。これに対応するには、現地法人の管理者をどうするか、それを支える本部をどういうしくみにするかといったことが問題となってくる。これがグローバルビジネスの（とくに、アジアでビジネスを展開する）むずかしさなのだ。

どんなことでも起こり得る

ＥＭＢＡで実際に学んだケースを紹介しよう。

２００７年、アメリカの大手玩具メーカー、マテルが多くの自社製品をリコールする事態が起こり、ニュースになった。映画『カーズ』のキャラクター商品、バービー人形、バットマンなどのおもちゃがその対象になったのだが、リコールの理由は「使われている塗料の中に有害な鉛が含まれ、子どもの健康を害する」というものだった。

十分なリコール理由だ。

しかし、もともとマテルは工場や下請け会社に対しても「規定の材料を使うように」と厳しく通達しており、外部監査まで行うような会社だった。本来なら、有害物質を含んだ塗料が使われるはずなどない。

ところが、実際には人形を製造していた中国の会社で、有害な鉛を含む塗料が使われていた。

これはあまり報道されていないことだが、どうやらその中国の会社の従業員が正規の塗料（有害物質を含まない）を盗みだし、それを転売していたらしい。すると当然、使用する塗料が足りなくなってしまうので、安い塗料を買ってきて、それを混ぜていたというのだ。

そんな事態を、企業としてはどうやって防げばいいのだろうか。幹部たちは頭を抱えてしまうところだが、こうしたことを含めて「どんな事態だって起こり得る」ということを認識しておかなければ、異文化圏でのビジネスは成り立たない。

マテルのケースは、多くのグローバル企業に警鐘を鳴らしたという意味でも注目のニュースだった。

余談ながら、この話には後日談があって、マテルの重役が中国へ飛び、政府に対してクレームをつけた際も、中国側は「悪いのはアメリカ人であって、私たちではない」とまるで取り合わなかった。それどころか、マテルの重役が中国に到着したときには、地元の新聞記者が大勢集まっていて「アメリカ人が謝りに来た」というストーリーができあがっていたという。驚くべき事態だが、そんなことが本当に起こるのだ。

次から次へと「カネ」を要求してくる

文化やビジネス習慣の違いという意味では、賄賂《わいろ》の問題もつねにつきまとってくる。

EMBAのクラスメイトで上海でビジネスをしている中国人のSは「中国でビジネスをやろうと思ったら『地元の顔役』とも言うべき、できるだけ大物に会いに行って、最初に賄賂を渡しておくのが賢明だ」と話していた。

「できるだけ大物」というのが大事なところで、適当な小物に賄賂を渡しても、いろんな人が次から次へとやってきて収拾がつかないらしい。

Sによると、たとえばお店を開く際は、警察がやってきて、「認可が必要ですよ」と根拠のわからないお金を要求してくる。そうかと思えば、一年くらいすると「法律が変わった」と言って、またお金を取りに来る。

そのほか、地元の人間がよくわからない権利を主張してきたり、「○○省の者です」と役人みたいな顔をしてお金を要求してきたりする者もいる。それを防ぐには「地元の顔役」にお金を払って、一手になんとかしてもらうしかないというわけだ。

すると、当然「本当に信頼できる大物っていうのは、誰なのか?」「どうやって、そのコネクションを持てばいいのか」などの問題が浮上してくる。

結局は「いかに信頼できる地元のエージェントを見つけるか」ということがビジネスを成功させる必要条件なのだ。もちろん、現地の常識を考慮するにしても、自社が順守すべき法律にのっとったかたちで対応すべきことは言わずもがなだ。

なぜ、「賄賂とチップは変わらない」のか?

ＥＭＢＡでは、賄賂についての議論は大いに盛り上がった。何しろクラスメイトの中には実際に苦労している人もいて、理屈だけのきれいごとではすまされないのだ。

私が受けた授業では、「それはチップとどこが違うのか」という議論になった。

賄賂もチップも、言ってしまえば、国や地域に根づいた商習慣であり、文化の一部だ。あらためて考えてみると、似ている部分も少なくない。

あるインド人は「賄賂もチップも、社会の潤滑油《じゅんかつゆ》だ。インドでは賄賂は横行しているが、役人だろうが、警察だろうが、みんな安い給料で働いている。そんな人たちに融通を利かせてもらったり、何かをしてもらったりするのに、いくらかのお金を払うのはチップと何ら変わらない」と話していた。

インドネシアでも中国でもロシアでも、賄賂が当たり前になっている国のビジネスパーソンは似たような感覚を持っているようだ。欧米では、ホテルやレストランでいいサービスを受けたら多めにチップを払うが、「先に払うか、後に払うか」が違うだけで賄賂と構造は変わらないという理屈だ。

たしかに、ホテルやレストランの常連客になれば、ボーイやウェイターだって「あの人はたくさんチップをくれるから、いいサービスをしよう」という感覚になるだろうし、客の側も「いつも多めにチップを払えば、それだけいいサービスが受けられる」という期待を持つだろう。

「よそもの」が突然、他人の懐に入るには？

この授業のなかで教授は、「文化的、ビジネス的な成熟度の問題も関係している」という指摘をしていた。

そもそもビジネスというのは、家族、親族の物々交換から始まり、その枠が段々広がっていくようなものだ。

多くの野菜が取れたから親戚に配る。それでも余っているから、近所の人とも物々交換をしたり、「あの人はトマトをたくさん持っている」という評判を聞きつけた人が遠方からもやってくるかもしれない。

そうやって、身内のなかで話をしているところに「よそもの」が入っていくからには、誰かの紹介が不可欠である。「○○さんの紹介で来ました」というお墨付きがなければ、信頼してビジネスをすることができないからだ。

そして当然、その信頼、紹介だってタダではない。紹介してくれる人に、いくらかのお礼をするのは当たり前だが、すでに、これは賄賂と同じだ。

つまり、商習慣、文化としての成熟度が低い社会ほど、この「身内のビジネス」という発想やシステムが残っていて、そこに入っていくための「手続き」（つまりは賄賂）が必要になってくる。

その後、文化的、社会的に成熟してくると、「身内ビジネス」の枠組みが段々と薄れ、よりシステマチックな契約社会へと変わっていくというわけだ。


とかく欧米人は「アジアは腐敗している」という言い方をするが、それはある意味では文化的環境・ビジネス環境のステージの違いと言える。ビジネスが拡大し、スピードが速くなればなるほど、（賄賂が効くような）個々人に紐付いたビジネスはチャンスを失っていく。アジアはいま、ビジネスのステージが次の段階に移りつつあるところなのだ。

視点を変えれば、まだビジネスのステージが違うからこそ、未開のマーケットがいまなお残り、先進諸国の企業にとって魅力的なビジネスチャンスが広がっている、という受け止め方もできる。

とはいえ、グローバルに事業を展開する企業ほど、社内共通のルールとして「モラル」「インテグリティ（誠実さ）」が徹底している。また、当然ながら贈収賄についてはアメリカのＦＣＰＡ（海外腐敗行為防止法）をはじめとして禁止規定が厳しい国も多い。商習慣に加えて現地の法律も見極め、さらには自社のルールをクリアしながらどうやって実際のビジネスをやるのか。世界を舞台にするビジネスエリートは高い成果を出すために、矛盾する難しい決断につねに直面しているのだ。

3 人を使い分け、世界を掌中に収める

企業が海外へ進出する際、その戦略は大きく分けて二つあるという。

それは本国にある本社が徹底的に管理するパターンと、現地に大きな自由度を与えるパターンだ。

これはどちらが成功しやすく、どちらが失敗しやすい、というものではない。一見すると「現地に任せたほうがうまくいく」と思われがちだが、アップルのように本社が広告などまでコントロールするプロセスを持つ企業がブランド価値を高め、成功へと導くパターンもある。

その一方で、ユニリーバのようにイギリスとオランダに本拠地を置きながら、現地法人を買収し、現地の自由度を継続的に認めながら世界１８０か国に進出し、大きな成功を収めるケースもある。

アップルとユニリーバはそれぞれのパターンを代表する成功例だが、どちらの戦略を選ぶかは「どんな商品やサービスを提供するのか」「どこに強みがあるのか」「どんな価値が自社にあるのか」という部分に大きく左右されるだろう。

アップルのように「ブランド価値の高い商品」「世界で唯一無二のサービス」を売りものにするならば、自国管理型で高級感、高品質、最先端などのイメージ戦略がより重要になるだろうし、ユニリーバのように一般消費財を売る場合には「いかに現地の人たちに受け入れられるか」という発想の下、商品やサービス、価格帯に至るまでフレキシブルに決めなければならないだろう。

いずれにしても、自社の商品やサービスがどのような戦略と親和性があるのかを検証し、それに見合ったスタイルで海外展開をしていくことが不可欠だ。

世界で勝つには「3タイプのリーダー」が必要

EMBAでは、グローバルにビジネスを展開するにはどんなマネジャーが適任なのかについて、必ず時間をかけて検討する。これはEMBAに限らず、エグゼクティブであれエグゼクティブ予備軍であれ、グローバルを前提としたビジネスを考えているビジネスパーソンであれば絶対に学ぶ課題だ。

本国管理型であれ、現地の自由度を認めるスタイルであれ「本社と現地の連携をうまくとる」という部分は海外進出を成功させる重要なカギとなる。いくら現地の自由度を認めると言っても、本社の理解やサポートなしにビジネスを展開することは不可能だ。

では、本国と現地とで「効果的な連携」を実現するには、どのようなマネジャーが必要なのか。

「グローバル・ビジネス・マネジャー」「リージョナル&カントリー・マネジャー」「ファンクショナル・マネジャー」がキーとなる三つのタイプのマネジャーだ。

「世界規模の視点」で本国から俯瞰するリーダー

まず、本国において大事な役割を果たすのは「グローバル・ビジネス・マネジャー」の存在だ。

グローバル・ビジネス・マネジャーに課せられる最大のミッションは「世界規模での自社の効率と競争力を最大化」することだ。事業をグローバルに展開する際の戦略を考え、最適な配分、コーディネートをする役割と言えばわかりやすいだろうか。

当然のことながら、海外でビジネス展開をする際は、必要となるものがたくさんあるだろう。資本はもちろんのこと、技術的なノウハウ、しくみ、人材、各種調整など、現地での仕事をサポートするには、その企業が持つリソースを有効かつ効率的に使用しなければならない。

その配分と効率化を、本社で一手に担当するのがグローバル・ビジネス・マネジャーだ。

そのためグローバル・ビジネス・マネジャーは一つの事業部門を超えた立場で仕事ができる権限を持たなければならないし、世界規模での俯瞰《ふかん》した視点を持ち、最適配分を戦略的にできる能力を有していなければならない。

言わば、グローバル戦略におけるコントロール室長と言える。それでいて、各国や地域にいる社員に影響を与え、動かすリーダーシップが求められる。まさにグローバル・リーダーとしての役割が期待されている。

多くの多国籍企業では、このグローバル・ビジネス・マネジャー（あるいは、それに類するポジション）を置いている。しかし実際には、事業をあまり経験したことのない本社の人がこれになったり、どこかの事業部門の責任者を兼務でグローバル・ビジネス・マネジャーに据えるという間違ったケースが多い。

事業をあまり経験したことのない本社の人がグローバル・ビジネス・マネジャーになると、戦略が実態を伴わず数字ゲームになってしまったり、事業部門の責任者を兼務したままだと、世界規模で全体を客観的に俯瞰して見るということがどうしてもできなくなってしまう。はっきり言って、これでは正常に機能しない。

現地企業をサポートし、世界規模での効率化と競争力をアップさせるには、さまざまな部門との連携が不可欠であると同時に、部門を超えた権限を持たなければ迅速に対応することができない。

本国と現地の距離を考えれば、迅速な対応が求められるのは自明であり、現地で必要だと判断すれば「隣の部門のリソース」を即座に投入することも必要になってくる。

そんな優れた判断力と権限を備えたリーダーこそ、本物のグローバル・ビジネス・マネジャーと言えるだろう。このポジションで成功するには、「世界のどこでも通用するビジネスセンスとリーダーシップ」が求められる。

私（山崎）自身、アメリカでこのポジションにいたことがあるが、日本人的に多くの関係者の利害をきまじめに調整できる能力は役に立ったが、一方で、それぞれの国の販売担当者の懐に入り込み、コミットメントを取りつけるにはもっと胆力が必要だったと反省している。また、このときほど「顔を合わせたコミュニケーション」の重要性を痛感したことはない。各国共通なのは、深酒をするほど信頼されるということであり、それぞれの国を訪ね、各担当者と杯をくみかわしたものだ。

現地では本国（アメリカ）と電話やメール、チャットなどでさかんにコミュニケーションを取り続ける必要があり、まともに仕事ができるのは夜からという日がほとんどだった。

だがそれだけやっても距離や文化の隔《へだ》たりは大きく、信頼できる現地のカントリー・マネジャーやファンクショナル・マネジャーがいるかどうかが成功のカギになる。グローバル・マネジャーは、彼らの情報をある意味、鵜《う》呑《の》みにせざるを得ないからだ。

「グローバル戦略の情報源」になる現地のリーダー

「リージョナル&カントリー・マネジャー」は、現地のリーダーと言うべきポジションだ。会社によっては、ゼネラル・マネジャーやマネージング・ディレクターと呼ばれることもある。このポジションには、現地のビジネスを統括《とうかつ》するための経営判断、各種マネジメント能力が求められることは言うまでもない。

それは大前提として、ここで取り上げるのは「本国との連携」という側面において、カントリー・マネジャーがどのような役割を担うかという部分である。

これについてカントリー・マネジャーが担う役割は大きく分けて3つある。

1つは、現地におけるビジネスチャンスとリスクをキャッチして、本国へ伝えることだ。

本章でさんざん述べてきている通り、海外進出には大きなチャンスが広がっていると同時に、想像を超えたリスクがある。そのチャンスとリスクを感じ取る現地のセンサーになることこそ、カントリー・マネジャーの大きな仕事だ。

そして2つ目は、現地のリソースを有効に活用する役割だ。それは資源的な意味もあれば、人材的な意味合いも含まれる。

当たり前のことだが、海外でビジネスをするのだから、使用できるリソースも本国のそれとはまったく異なる。本国ではまったく手に入らない資源や人材が、簡単に（あるいは安価に）手に入ることもあるだろうし、その逆もある。そんな現地のリソースを使用して、有効なビジネスモデルやしくみ、組織等を構築する力がカントリー・マネジャーには求められる。

最後3つ目の役割は、現地での経験、知見を本社にフィードバックし、グローバル戦略に参画する役割である。

じつは、この3番目の役割をカントリー・マネジャーに担わせ、企業全体の利益につなげられるかが、グローバルなビジネス展開がより拡大していくカギとも言える。

GE、IBM、P&G、ユニリーバなど多くの成功している多国籍企業では、カントリー・マネジャーが本社のグローバル戦略構築において、重要な役割を担っていることが多い。名称こそカントリー・マネジャーだが、彼らはたんなる「本社の決定を実施する現地の実務担当者」という枠を超え、グローバル戦略の中枢を担う存在でもあるのだ。

現在、多くの多国籍企業では、多くの重要な開発、研究、生産、マーケティングなどを海外の事業所で行っている。そうした事業所は、もはや本社の決定を実行する遠隔部隊ではなく、独立した存在としてクオリティの高い仕事をしている。それはもちろん、現地の消費者に見合う製品やサービスを生み出すためであり、同時に、現地の従業員を効果的に活用するという目的も持っている。

しかし、それらの技術やノウハウ、経験は、その地域だけに有効なものではなく、世界の別の地域でも有用なものであることが多い。

つまり、それらの財産を本社に持ち帰り、グローバル戦略に生かすこともカントリー・

マネジャーに求められる任務なのだ。
また、各国をマーケットにするのではなく、世界が一つのマーケットになるような商品であれば、各国のカントリー・マネジャーが競争相手にもなり得るが、そういった環境でも各国の担当者と協力関係を築けることが、信頼されるカントリー・マネジャーの条件だ。

このリージョナル&カントリー・マネジャーは、その国や地域について知らなくては成功しないため、日本においてはこのポジションで活躍している日本人も多い。成否を分けるのは、本社がグローバル・ビジネス・マネジャーから言われることを鵜呑みにするのではなく、カントリー・マネジャー自身に自分で戦略を考え提案し実行させられるかどうか、だ。そうしないとカントリー・マネジャーは本社と担当する国や地域の板挟みになって中間管理職のようになってしまう。

EMBAのクラスメイトに、インド人だが、日本に生まれ育ち、アメリカで大学を卒業し、アメリカ系企業で日本のカントリー・マネジャーをしているという人がいた。外見はインド人だが、話すと完全に言葉も考え方も日本人だ。彼は「日本の良さ」をつねに客観的に見て正しく本国に伝えたことが功を奏して、日本での事業でV字回復を実現し、EM

ＢＡ卒業後、インドでの事業立ち上げのカントリー・マネジャーに任命された。

インドでは外見の特徴を利用して、メンバーや顧客にすぐに溶けこんだそうだ（もっとも、生活スタイル・考え方は日本人なので、現地での暮らしに馴染むのはやはり日本人並みに苦労したそうだが）。そして日本での経験を生かし、見事、短期のうちに事業の立ち上げに成功していた。

専門知識を発展させる「スペシャリスト」としてのリーダー

カントリー・マネジャーの説明のなかで、現代では「開発や研究」「生産」「マーケティング」などが、海外の事業所で高度に発展しているという話に触れた。

それを総括的に本社へフィードバックするのがカントリー・マネジャーの仕事だとしたら、それぞれの専門領域において、横の連携を図り、技術や情報の共有、およびイノベーションをリードするのが「ファンクショナル・マネジャー」だ。

あえて表現するならば、専門領域における知見の交配者と言えるだろうか。

じつは、多くの企業で、このファンクショナル・マネジャーの存在はあまり評価されていない。というより、このポジション自体が存在していないところも多い。

往々にして、企業では「スペシャリスト」というのは「その領域で生きていればいい」と思われがちで、戦略的、経営的な会議からは外されたり、「限定された価値しか持たない」と軽視されることが少なくない。

しかし、多国籍企業において、海外に散らばっている専門的知識、情報、経験、開発されたノウハウや技術を横割りで集約し交配させることは、イノベーションを起こす大きな可能性を秘めている。

事実、P&Gでもファンクショナル・マネジャーが中心となったプロジェクトチームで、まったく新しい液体洗剤を生み出し、多くの地域で共通のヒット商品となっている。商品開発に限らず、製造工程、ビジネスモデル、人事、経理に至るまで、その専門領域における横のつながりをマネジメントすることは、企業が持つリソースを最大限に活用するためにも必要不可欠なのだ。

このようにグローバル展開をするためには必要なマネジャーのタイプがあり、成功している多国籍企業の多くはその価値をよく理解している。ビジネスエリートにとっては、自分自身がどのタイプのリーダーで、「どんな役割を担わなければならないのか」を学ぶことが重要である。

また、企業のなかでもう一段上のポジションで、グローバル展開を総括しているエグゼクティブならば、適切な人材を配置するために、それぞれのマネジャーの役割と存在価値を深く理解しなくてはならない。

4 「儲け主義では逆に損をする世界」でビジネスをするには？

最後に、一般社員はふつう学ばないが、経営層、とくにグローバル企業のエグゼクティブには欠かせない「勉強」について取り上げる。企業の社会的責任についてだ。

企業の規模が大きくなればなるほど、社会的責任が問われるのは当然だ。社会からの注目度が上がり、社会的な「イメージ」だけで業績が大きく左右されることもめずらしくない。

良いイメージを蓄積するには、良い商品を良心的な価格で提供し、社会貢献をしてそのPRもして……と、地道な努力を続ける以外にない。

だが、そんな苦労をしてつくりあげたイメージも壊れるのは一瞬だ。とくにいまのようなインターネットが普及した世の中では、地球の裏側で起こっている小さな出来事が世界中を駆け巡るのにそう多くの時間はかからない。悪評ならなおさらだ。

世界に出るとぶつかる「複雑な現実」の壁

EMBAでは、企業が社会的責任を問われるさまざまなケースについて議論する。

当然、企業は社会的信用を失わないように気を遣っているものだが、これがグローバル企業になると、問題はさらに複雑だ。文化・経済レベルが大きく異なる国や地域へ進出していくと、思わぬ問題が浮上してくるからだ。

一例を挙げると、児童労働の問題がある。

先進諸国の常識では、小さな子どもに労働をさせることはまず考えられない。10歳程度の子どもを働かせること自体、法律で禁じられているのが一般的だし、そんな企業が国内にあれば、すぐに問題になるだろう。

しかし、発展途上国へ行けば、事情がまるっきり違ってくる。

法整備が進んでいないという問題もあるが、それ以前に、子どもが家計を支える大事な働き手になっている場合もある。子どもにも働いてもらって、なんとかやりくりしているという家庭が数多くあるのだ。

そんな国では、多国籍企業が進出してくると、多くの家庭が「子どもを働きに出したい」と思う。

低賃金の労働者を求める企業とそんな家庭とは利害が一致しているようにも見えるが、そんな現地の事情に従って児童労働をさせれば、（それが発覚した際には）世界中からバッシングを受け、ひどい場合には不買運動にまで発展しかねない。

いまグローバル企業は、そんなダブルスタンダードのなかでビジネスをしつつ、社会的な責任を担っていかなければならないのだ。

「無数のリスク」を学ばなくてはすぐ穴に落ちる

15年ほど前、大手家具販売ブランド、イケアの下請けであるインドの絨毯《じゅうたん》工場とその原料となる綿花栽培場で児童労働が行われているというニュースが世界に流れた。

「劣悪な環境で、低賃金で子どもを働かせている」というイメージは企業に大きなダメージを与え、経営上の大きなリスクとなった。

そこでイケアは、児童労働に関わる仕入先、業者との取り引きは一切しないことを即座に決定。さらに、ユニセフのインド事務所とパートナーシップを結び、児童労働防止に向けた活動を開始した。

イケアは、サプライヤーとも密接なコミュニケーションを取り、労働条件や労働状況の監視を強化し、児童労働の再発防止に努めた。加えて、その取り組みを世界中の顧客に伝え、児童労働問題への関心を高める活動も続けている。

現地では、生活のサポートはもちろん、学校の建設なども積極的に行い、インドの綿花栽培地域では、新たに1万5000人以上の子どもが学校に通えるようになったという。


たしかに、イケアの姿勢は高く評価できるだろう。

しかし、企業と地域との関係はそう簡単には片付かないのが通例だ。

ある大手スポーツメーカーでも、やはり「児童労働」「労働環境の劣悪化」「低賃金」などの問題が指摘されるケースがあり、結果としてその国から撤退したことがある。

安い労働力を見越して海外進出をしている企業なら決してめずらしい話ではないし、撤退するのも無理からぬ話だ。

しかし大手企業の撤退によって、それまで多くの地元民を雇用していた工場が閉鎖され、今度は大規模な失業問題につながってしまった。この問題に対して、企業はどこまでの責任を負い、どこまでの社会貢献をすべきなのだろうか。

世界中のパソコンの前にいる「ネット住民」は「児童労働をやめろ」「劣悪な環境で働かせるな」としきりに言うが、その結果、企業が撤退し、結果として地元民を苦しめるということもあり得るのだ。

グローバルにビジネスを展開する企業にとって「安い労働力」はたしかに魅力だが、そこで起こる社会的な問題は、じつは大きな経営リスクでもある。

カカオ豆の栽培地域で児童労働が行われているとなれば、チョコレートメーカーがすぐにバッシングを受け、コーヒー農園で過剰な低賃金労働があったと知れば、瞬く間にコーヒーチェーンのブランドに傷がつく。口が裂けても「現地のサプライヤーのことまで管理できない」なんてことは言えない。

賄賂が当たり前の文化圏もあるという話もしたが、国内の目もあるので、なんでもかんでも現地の事情に合わせることはできない。

そういったリスクを踏まえたうえでグローバル化の戦略を練らなければ、長期的な成功は果たせない。

安い労働力や未開のマーケットを求めて海外へ進出するのは、紛れもなく大きなビジネスチャンスだ。しかし、そんなときこそ企業の姿勢が問われ、安易な儲け主義だけでは、途方もない代償を払わされることになる。

また、日本の消費者も若い世代ほど、企業の社会的責任に敏感だ。

いまやこの問題への対応の仕方が、企業のブランド上、いい意味でも悪い意味でも差別化のポイントになっている。企業は社会的責任を守るためのコストについても事業計画に組み込むなど、さらなる意識向上が求められるだろう。

グローバルビジネスにおける企業の社会的責任とは何か。それはどこまで守れるもので、どこまで対応すべき問題なのか。これからのビジネスパーソンにとっては、これを学ばずに避けて通ることはできないのだ。

おわりに

最後に、この本が誕生したきっかけと、私たちがこの本に込めた想いを書いて、あとがきとさせていただきたい。

ときは遡《さかのぼ》り、2014年12月、私たちはUCLA－NUS EMBAの同窓で集まっていた。年に数回、卒業生や現役生が定期的に集まり四方山《よもやま》話をしながら、「何か面白いビジネスはないか」と話すのが恒例となっている。

そのときは、恵比寿でビールをひたすら飲み続けていながら、ふと「MBAとEMBAの違いは何か？　自分たちは何を学んできたのだろうか」といった話題になった。すると皆、受験の動機はさまざまでも、最終的には同じような学びの体験を持っていることに気がついた。

そして、「私たちの学びを一人でも多くの人に知ってもらえば、いまの不確実かつグローバル化の時代を生き抜く人たちにとって成功するためのヒントになるのではないか？」という議論になった。

思い立ったが吉日、それからUCLA－NUSだけでなく、シカゴやらケロッグなど、多くのEMBA卒業生に時間を割いていただき、貴重な体験を語っていただいた。皆、海外出張も多い多忙な人たちばかりだったが、ふたつ返事でインタビューを引き受けてくれた。出張前の空港で電話に応えてくれたり、仕事の前に朝7時半からスタバに来て話してくれたり、会社の応接室を準備いただき、夜遅くまでポテトチップス片手に議論をさせていただいたり。

皆が口を揃えて言っていたのは、「自分たちの経験が少しでも役に立てば」ということだった。学校の授業も毎年内容が一新されるので、卒業生だけでなく、現役の学生にも授業直後のリアルな感想などを聞いた。おかげで幅広い、現実味のある内容になったように思っている。

よってこの本は、私たち二人の学びだけでなく、EMBA卒業生・現役生たちの叡智《えいち》の結晶となっている。読者のみなさんに、私たちの学びの体験や刺激を少しでもお届けできていたら幸いである。

本書を書くにあたっては、多くのEMBA卒業生、現役生に話を聞かせていただいた。

とくに、UCLA－NUS EMBA卒業生の鈴木一秀さん、平井茂さん、杉山孝史さん、ケロッグ－HKUST EMBA卒業生の尾上卓太郎さん、野田征吾さん、シカゴEMBA卒業生の幸田譲二さん、吉田芳弘さんにはこの場を借りて厚く御礼申し上げたい。アドバイスをいただいた竹内一正先生にも感謝を申し上げます。

最後に、この本を出版するにあたり、読者の目線と編集者の目線でアドバイスをいただいたダイヤモンド社の三浦さん、文章をまとめるうえでお手伝いいただいた飯田さんにも心からお礼を申し上げます。

2016年3月

山崎裕二

岡田美紀子

参考文献

・『影響力の武器［第三版］』（ロバート・B・チャルディーニ、社会行動研究会訳、誠信書房）
・「グローバル・マネジャーの条件」（クリストファー・A・バートレット、スマントラ・ゴーシャル「ダイヤモンド・ハーバード・ビジネス」1993年1月号）
・「EQリーダーシップ」（ダニエル・ゴールマン「ダイヤモンド・ハーバード・ビジネス」2000年9月号）
・「海外市場のポートフォリオ分析」パンカジュ・ゲマワット「DIAMONDハーバード・ビジネス・レビュー」2002年1月号）
・「大企業の新規事業マネジメント」（デイビッド・A・ガービン、リン・C・ルベスク「DIAMONDハーバード・ビジネス・レビュー」2007年8月号）
・「上司をマネジメントする」ジョン・P・コッター、ジョン・J・ガバロ「DIAMONDハーバード・ビジネス・レビュー」2010年5月号
・Tarun Khanna, *Billions of Entrepreneurs: How China and India Are Reshaping Their Futures—and Yours* (Harvard Business Review Press, 2008).

・Louise Story, "After stumbling, Mattel cracks down in China", *New York Times,* August 29, 2007.

［著者］
山崎裕二（やまさき・ゆうじ）
早稲田大学政治経済学部卒業。東芝、ゲートウェイ等を経て、IT企業米国法人でシニアプロダクトマネジャー。2007年、カリフォルニア工科大学でテクノロジー・マーケティングのサーティフィケイトを取得。2011年、オックスフォード、ケロッグなどと並び世界トップ5のEMBAとして知られ、世界各国から経営層の集うUCLA-NUS Executive MBAを卒業、EMBA学位取得。現在はIT企業マーケティング部門にてディレクター職を務める。GE、マイクロソフト、モルガン・スタンレーなどグローバルに活躍するEMBA卒業生の組織Japan EMBA Alumni事務局を運営。本書はそれら人脈の叡智を結集した内容となっている。連絡先：yuji@japanemba.com

岡田美紀子（おかだ・みきこ）
南山大学法学部卒業。リクルートグループ（現・リクルートキャリア）入社。勤続10年の間に、企業向け採用コンサルティング、事業開発部にて個人向けサービス企画、営業企画立ち上げなどを経て、現在はリーダーシップで有名な米系大手グローバル企業にてHRマネジャー。専門は、戦略人事、タレントマネジメント、キャリア開発、リーダーシップ開発。2009年、UCLA-NUS Executive MBAを卒業、EMBA学位取得。卒業後もUCLA-NUS EMBAの日本での活動のサポートを行い、共著者の山崎と共にJapan EMBA Alumni事務局を運営。米国CCE, Inc.認定キャリアカウンセラーGCDF取得。EDPPC: Executive Diploma in Positive Psychology and Coaching（ポジティブ心理学コーチング課程修了）。連絡先：mikiko@japanemba.com

世界の最も野心的なビジネスエリートがしている
一流の頭脳の磨き方

2016年3月17日　第1刷発行

著　者——山崎裕二、岡田美紀子
発行所——ダイヤモンド社
〒150-8409　東京都渋谷区神宮前6-12-17
http://www.diamond.co.jp/
電話／03･5778･7232（編集）　03･5778･7240（販売）
装丁————井上新八
本文デザイン—matt's work
本文DTP——キャップス
校正————円水社
製作進行——ダイヤモンド・グラフィック社
印刷————八光印刷（本文）・加藤文明社（カバー）
製本————ブックアート
編集協力——飯田哲也
編集担当——三浦 岳

ISBN 978-4-478-06482-5